基于案例分析的理工为主高校体育师资队伍管理问题及对策研究

张跃敏 ◎ 著

中国水利水电出版社
www.waterpub.com.cn
·北京·

内 容 提 要

在"教育强国""体育强国"的背景下，培养身心健康的大学生成为新的时代使命。本书将理工为主高校体育师资队伍管理的现状分析作为逻辑起点，依据"哈佛模式"构建了理工为主高校体育师资管理的理论分析框架，并重点探究了体育师资队伍结构问题、评价机制问题、激励机制问题。全书共七章，从核心概念出发，切入理工为主高校体育师资队伍管理的问题及成因，并提出改进对策，进而增进理工为主高校体育师资队伍的工作效能，提高人才培养质量。本书研究的核心就是理工为主高校体育师资队伍的管理问题，适合从事该领域教学工作的教师和学生以及从事相关研究工作的读者阅读。

图书在版编目（CIP）数据

基于案例分析的理工为主高校体育师资队伍管理问题及对策研究 / 张跃敏著. -- 北京：中国水利水电出版社，2022.12
ISBN 978-7-5226-1356-7

Ⅰ. ①基… Ⅱ. ①张… Ⅲ. ①高等学校－体育教师－师资队伍建设－研究－中国 Ⅳ. ①G807.4

中国国家版本馆CIP数据核字（2023）第022689号

策划编辑：陈艳蕊　　责任编辑：赵佳琦　　封面设计：梁燕

书　名	基于案例分析的理工为主高校体育师资队伍管理问题及对策研究 JIYU ANLI FENXI DE LIGONG WEI ZHU GAOXIAO TIYU SHIZI DUIWU GUANLI WENTI JI DUICE YANJIU
作　者	张跃敏 著
出版发行	中国水利水电出版社 （北京市海淀区玉渊潭南路1号D座　100038） 网址：www.waterpub.com.cn E-mail：mchannel@263.net（答疑） 　　　　sales@mwr.gov.cn 电话：（010）68545888（营销中心）、82562819（组稿）
经　售	北京科水图书销售有限公司 电话：（010）68545874、63202643 全国各地新华书店和相关出版物销售网点
排　版	北京万水电子信息有限公司
印　刷	三河市德贤弘印务有限公司
规　格	170mm×240mm　16开本　8.75印张　161千字
版　次	2022年12月第1版　2022年12月第1次印刷
定　价	49.90元

凡购买我社图书，如有缺页、倒页、脱页的，本社营销中心负责调换

版权所有·侵权必究

作者简介

张跃敏，女，博士，副教授。先后毕业于沈阳体育学院，获得教育学学士学位；东北大学获得教育学硕士学位和管理学博士学位。研究方向，体育人文社会学；高校体育管理。主持省部级重点、校级重大、一般项目5项、参研国家级各类项目多项。发表核心论文5篇，一般论文10余篇。主编、参编著作4部。

前　言

伴随着社会的进步与发展，体育运动席卷全球。我国也掀起了全民运动的高潮。当下的中国社会，全民参与体育运动的热情日益高涨，体育在实现中华民族伟大复兴和全面建成小康社会中的作用进一步显现。尤其在2016年"十三五"时期国家对体育事业更加重视，支持更加有力，为体育运动的繁荣发展提供了重要机遇。

在浓厚的体育健身风气下，高校体育发展受到了学术界的高度重视。理工为主高校作为我国培养科技人才的重要基地，由于历史的原因，加之长期以来以专业能力为导向的考核机制，对大学生身心健康重视不够，呈现出近20多年来青年体质持续下降的态势。然而，培养身心健康的大学生是社会发展的必然要求，也是高校肩负的主要职责。要扭转目前的状况，归根结底离不开高素质的体育师资队伍。

理工为主高校体育师资队伍建设的状况取决于高校的管理水平。如何改进管理工作，进而提高体育师资队伍的工作效率，是高校管理者不能回避的问题。高校体育师资管理是一个复杂的系统管理过程，涉及高校不同层级、不同领域、不同部门的行政管理。随着高校体育师资队伍管理环境、管理对象的显著改变，对高校行政管理部门的管理手段、管理内容、管理方法等都提出了新的要求。传统的管理方式导致的高校体育师资队伍被"边缘化"与"空心化"的局面亟待改变。破解高校体育教师管理中的诸多现实困境，迫切需要进一步加强对以理工为主的高校体育师资的管理理论与管理实践的研究。为此，必须进行理性的反思，找准问题的切入点和突破口，进而优化高校的体育师资培训，不断提高管理实效。这也是本书的学术价值及应用价值所在。

本书内容共分为七章，绪论主要从五个方面进行了介绍，分别为课题来源及选题背景、研究目的及意义、研究方法与技术路线、研究的主要内容和基本框架、研究的创新点；第二章为核心概念及理论基础，主要从两个方面进行了介绍，分别为核心概念界定、相关的理论基础及指导意义；第三章为我国高校体育师资队伍建设与管理发展历程，主要从两个方面进行了介绍，分别为我国体育师资队伍的发展阶段、我国高校体育师资队伍建设发展特征；第四章为理工为主高校体育师资管理的实证调研，主要从两个方面进行了介绍，分别为理工为主高校体育师资队伍现状的实证调研设计、理工为主高校体育师资队伍现状调研结果呈现；第五章为理工为主高校体育师资队伍管理的问题及成因分析，主要从三个方面进行了介绍，分别为理工为主高校体育师资队伍现存问题、理工为主高校体育师资队伍现存问题成因分析、以 Y 大学为个案进行研究；第六章为改进理工为主高校体育师资队伍管理对策，主要从四个方面进行了介绍，分别为挖掘理工为主高校体育师资队伍的资源、创新配置体育师资队伍资源结构、科学制定体育教师考核评价体系、有效运用激励机制；第七章为结论。

  在撰写本书的过程中，作者得到了许多专家、学者的帮助和指导，参考了大量的学术文献，在此表示真诚的感谢。本书内容系统全面，论述条理清晰、深入浅出，但由于作者水平有限，书中难免会有疏漏之处，希望广大同行及时指正。

作者

2022 年 5 月

目　录

前言

第一章　绪论 ·· 1
　　第一节　课题来源及选题背景 ·· 1
　　第二节　研究目的及意义 ··· 4
　　第三节　研究方法与技术路线 ··· 12
　　第四节　研究的主要内容和基本框架 ··· 17
　　第五节　研究的创新点 ·· 18

第二章　核心概念及理论基础 ··· 20
　　第一节　核心概念界定 ·· 20
　　第二节　相关的理论基础及指导意义 ··· 24

第三章　我国高校体育师资队伍建设与管理发展历程 ······················ 34
　　第一节　我国体育师资队伍的发展阶段 ····································· 34
　　第二节　我国高校体育师资队伍建设发展特征 ··························· 39

第四章　理工为主高校体育师资管理的实证调研 ···························· 43
　　第一节　理工为主高校体育师资队伍现状的实证调研设计 ·········· 43
　　第二节　理工为主高校体育师资队伍现状调研结果呈现 ············· 51

第五章　理工为主高校体育师资队伍管理的问题及成因分析 ··········· 81
　　第一节　理工为主高校体育师资队伍现存问题 ··························· 81

  第二节　理工为主高校体育师资队伍现存问题成因分析 …………… 90
  第三节　以 Y 大学为个案进行研究 ……………………………… 102
第六章　改进理工为主高校体育师资队伍管理对策 …………………… 115
  第一节　挖掘理工为主高校体育师资队伍的资源 ………………… 115
  第二节　创新配置体育师资队伍资源结构 ………………………… 116
  第三节　科学制定体育教师考核评价体系 ………………………… 120
  第四节　有效运用激励机制 ………………………………………… 123
第七章　结论 ……………………………………………………………… 125
参考文献 …………………………………………………………………… 129

第一章 绪 论

首先,介绍本书的课题来源及选题背景;其次,确定研究目的及意义;再次,进一步澄清研究方法与技术路线;然后,概括本书研究的主要内容和基本框架;最后,提出本书的创新点。

第一节 课题来源及选题背景

一、课题来源

本书内容是教育部人文社会科学研究课题"提高高校教师绩效的理论与方法研究"(项目批准号:13YJA880064)项目的扩展研究,同时也是研究者的兴趣所在。

高校体育师资管理是体育师资队伍建设的重要工作之一,对其进行研究,源于以下思考,随着科技的发展、社会的进步,理工院校在我国高等教育体系中已经成为不可或缺的中坚力量。从国内近年的研究趋势来看,理工院校的重要性日益显现,在人才培养质量和社会服务方面的作用也越来越显著。体育教师作为高校的重要人力资源组成部分,在高校体育教学中具有不可替代的作用。虽然,理工为主的高校体育师资队伍无论从教师数量上,还是师资队伍的结构状况上都得到了重大改善,但是,高校体育师资队伍整体仍"大而不强",高校行政管理部门在对其进行管理与服务的过程中问题日益凸显,导致体育师资队伍建设与其他学科的差距越来越明显,甚至出现了体育师资队伍建设越来越边缘化的情况。基于此,本书准备从管理经验的总结开始,尝试从高校体育师资队伍管理过程出发,对其中的不足提出合理化建议，力图使体育师资队伍建设中的矛盾得到合理的解决。可是，在研究过程中发现，问题不光有表面的现象，更有深层次的原因需要剖析。于是，将思维转向对体育师资队伍建设本身的思考，体育师资队伍为什么在高校师资队伍建设中处于弱势地位？是体育教师自身认知的问题，还是对体育师资管理制度的问题？任何问题的产生与发展背后都有深刻的社会历史根源，为此，本书将对问题的剖析回归到产生的背景下，更全面、深入地审视问题，这对准确把握以理工为主的高校体育师资队伍建设问题产生的原因以及发展现状具有重要的意义。

二、选题依据及选题背景

（一）我国理工为主高校的快速发展急需对体育师资队伍管理做出战略性的研究

理工为主高校在我国高等教育院校中所占的比重超过三分之一，成为高等教育不可或缺的重要主导力量，特别是自20世纪以来，以几次大的教育改革为背景，1993年2月颁发《中国教育改革和发展纲要》之后我国高等教育出现了改革与发展的第一次浪潮，在1995年提出实施"科教兴国"战略后，1999年1月13日又颁发了《面向21世纪教育振兴行动计划》等一系列改革措施，为理工为主高校的改革与发展提供了新的机遇。无论是在办学体制还是高校内部管理体制方面，教学理念和教学改革都取得了卓越成效，积极推动了社会和经济的发展。面对国际、国内发展趋势和教育发展形势，我国理工为主高校的改革和发展也出现了一些新的特点：如在"双一流"的背景下，加强了优势学科的发展；教育与经济的一体化趋势明显；教育手段的现代化及教育的国际化，等等。这些新的趋势迫切要求我们认真研究理工为主高校的改革与发展战略。

但是，作为我国理工为主高校重要组成部分的体育管理方面的研究却比较沉默，同时也存在很大问题，比如体育师资队伍管理问题就比较突出。为此，作者选择"基于案例分析的理工为主高校体育师资队伍管理问题及对策"作为主题进行探索，以期使我国以理工为主的高校的体育学科发展能与我国以理工为主的高校的发展战略相一致，为我国以理工为主的高校体育师资管理做出努力和贡献。

（二）本书的研究可以增补我国理工为主高校体育师资队伍管理方面的空缺

高校体育师资一直是高校师资队伍的一个重要组成部分。但是目前在许多相关的高校教育学教材、专著中很少有涉猎高校体育师资队伍建设与管理的内容。而在当前所查到的一些体育史书、专著和若干版本的学校体育学教材中也均未见到对我国理工为主高校体育师资队伍建设与管理做专门论述和描述的内容。正因为如此，许多学者对我国理工为主高校体育师资队伍建设与管理这个学术领域有所忽视。而这种结果，在理工为主高校体育师资队伍建设与管理的实践上则带来了盲目性且缺乏理论的指导性。本书的研究能对我国理工为主高校体育学科、体育师资队伍建设与管理等相关内容做增补。通过对我国理工为主高校体育师资队伍管理的研究，可以增补我国理工为主高校体育师资队伍管理的不足，以揭示我国理工为主高校体育师资队伍管理的特征及体育师资队伍的特点等，在增补内容的同时，可为我国理工为主高校体育师资队伍管理及体育学科的发展提供战略性的思考和策略。

（三）现代社会发展需要加强高校体育师资管理

改革开放以来，我国人民生活水平有了较大的提高。体育作为人们精神生活的重要组成部分，应时代要求经历了渐进积累与逐步深化的发展过程，并取得了举世瞩目的成就。发展体育运动，增强人民体质，逐渐深入人心，党中央国务院对体育事业更是寄予厚望，尤其是十八大以来，新一届中央领导集体对全民健身工作高度重视，把全民健身作为人民追求幸福生活的重要举措，提出了一系列新决策、新部署。2015年以来，全国马拉松赛事调动了广大群众的积极性，体育运动成为全民自愿参与的重要的健身方法之一。2016年6月国务院《全民健身计划（2016—2020年）》、2016年9月国家体育总局《青少年体育"十三五"规划》等文件的颁布，也反映出随着社会的进步与发展，群众对体育健身的需求在增强。体育的功能不仅仅是增强人民体质，更重要的是培养人们的竞争意识、团队意识、协作精神和公平观念；对增强国家凝聚力，激发人民的爱国热情和民族自豪感以及对人们建立健康、合理的生活方式，创造文明和谐的社会环境能起到积极且重要的作用。高校体育组织作为大众体育的重要组成部分，无论对青年的健康成长还是对大众健身的社会服务都起着越来越重要的作用。体育师资队伍作为高校体育组织的重要组成部分，对我国体育的发展具有重要的推动作用。对高校体育师资的管理是实现青年健康成长及全民健身计划的重要途径之一。

作为培养高级科技人才的理工为主的高校，如何才能承担起社会对体育要求的重任呢？这就迫切需要加强对理工为主高校体育师资队伍的管理，在新的社会发展阶段的定位、办学方向、人才培养等方面做出与全民健身相一致的战略决策。所以现代社会对体育发展提出的新要求，使对高校体育师资队伍的发展战略的研究变得迫切。

基于以上三个方面，本书选择对我国理工为主高校的体育师资队伍管理进行研究，以期通过个案研究的分析方法，为我国理工为主高校体育师资队伍发展提供理论支持；为我国理工为主高校体育师资队伍考核评价机制的制定及激励机制的完善等方面提供理论指导，为提高体育教师的管理效率提供思路，使理工为主高校的体育院（部）发挥较强的人才培养、社会服务功能，为推动全民健身做出应有的贡献。

第二节　研究目的及意义

一、研究目的

伴随着我国由体育大国向体育强国前进步伐的加快、大众健身意识的加强，高校体育对学生进行终身体育锻炼的意识培养及运动习惯的养成具有非常重要的意义。高校体育师资队伍作为高校体育的重要执行者，它的重要性日益凸显。可见，高校体育师资队伍的管理及建设问题变得重要而紧迫。因办学目标及招生质量的不同，体育学科在各类高校的位置也不尽相同。本书首先对理工为主高校体育师资队伍相关人力资源管理理论、人事行政管理理论、教师专业发展理论与系统管理理论进行了研究，厘清理工为主高校体育师资队伍建设的相关概念、影响体育师资队伍建设的主要因素及其各个影响因素之间的关系。接着依据人力资源管理理论，主要运用访谈法和个案研究方法对理工为主高校体育师资队伍建设进行实证研究，在充分调研理工为主高校体育师资队伍建设基本情况的基础上，进一步分析了影响体育师资队伍建设管理的因素及其产生原因。通过以上分析，最终从高校组织管理的视角提出高校体育师资队伍建设的管理对策，目的在于使理工为主高校体育师资队伍建设更加合理，适应高校的发展，从而提高体育教师的工作效率，调动体育教师的工作热情，实现高校管理效能的提升。

二、研究意义

（一）理论意义

1.有助于丰富高等教育管理理论

本书有助于丰富高等教育管理理论，尤其是高等教育人事行政管理理论。从管理学的视角来研究以理工为主的高校体育师资队伍建设，有助于更好地理解高等教育的发展背景、高等教育与社会之间的相互关系、高等教育问题的蕴意。理工为主高校是我国高校系统的重要组成部分，体育师资队伍建设是高等教育管理理论的核心组成部分。但长久以来，对高校尤其是理工为主高校体育师资队伍建设的关注度不足，研究较为粗放、视角较为单一、思路较为陈旧。本书在阐释相关概念内涵和外延的基础上，探讨高校尤其是理工为主高校体育师资队伍建设的路径，有助于增加高等教育管理的理论深度和广度。

2.有助于深化教师专业发展理论

本书作者在对理工为主高校体育师资队伍建设现状的调查研究中，对其发展的特点和规律进行了归纳与总结，探究诸如专业发展、教学发展、个人发展等问题，这在一定程度上是对教师专业发展理论研究的丰富，厘清这些教师发展概念中的核心子概念的演变历程和彼此之间的逻辑关系，有助于深化对教师发展概念的理解，进而更新我们对教师发展概念和理论的认识。

3.有助于完善人力资源管理理论体系

现有人力资源管理理论和高等教育人事行政管理理论也涉及师资队伍的建设问题。但现有研究一般都局限于事实的描述、对比的说明、已然的理解，缺乏多元视角的综合考量，忽视考察社会经济等外在因素对师资队伍建设的影响，本书的研究有利于学者们扩大学术视野，进一步完善人力资源管理理论体系。

4.尝试构建理工为主高校中体育师资队伍管理的理论分析框架

构建理工为主高校体育师资队伍管理分析框架，主要是明确合理的研究范围，避免因研究范围过宽或过窄而失去对理工为主高校体育师资队伍管理的指导意义。理工为主高校体育师资队伍是高校师资队伍的重要组成部分，对体育师资的管理既要执行学校的政策制度，又要因体育师资的特殊性而制定相应的政策，因此，对体育师资队伍管理既要兼顾以理工为主高校教师的共性，又要重点考虑体育师资队伍的特殊性，建立适合理工为主高校体育师资队伍的管理系统，充分发挥体育教师的积极性、主动性，提高体育师资队伍的工作效率，进而推动体育师资队伍的整体发展。

（1）构建依据。分析框架的构建依据主要参考人力资源管理理论、人事行政管理理论、教师专业发展理论。以上几个理论虽然形式上不同，但其基本理念和核心几乎是一致的，主要通过对"人"的管理，促进"人"自身的发展，使组织内部的各个因素协调作用，形成一个系统高效的整体，确保组织发挥最大的效益。

本书作者依据哈佛商学院的五位学者于1981年首次提出的著名的哈佛模式进行研究。哈佛模式一般用于研究企业主，特别是在管理数量庞大的员工时，如何去解决所面临的棘手的战略性问题。哈佛模式在企业管理实践中，对人力资源管理（Human Resource Management，HRM）政策的决定要素进行分析，对管理绩效进行比较，研究哪些因素影响企业人力资源管理。该模式主要由利益相关者、情景因素、人力资源管理政策的选择、人力资源管理的短期结果及长期结果几个基本部分组成。

作者认为哈佛模式对在体育组织中进行人力资源的现状分析具有重要的参考价值。该模式如图1-2-1所示。

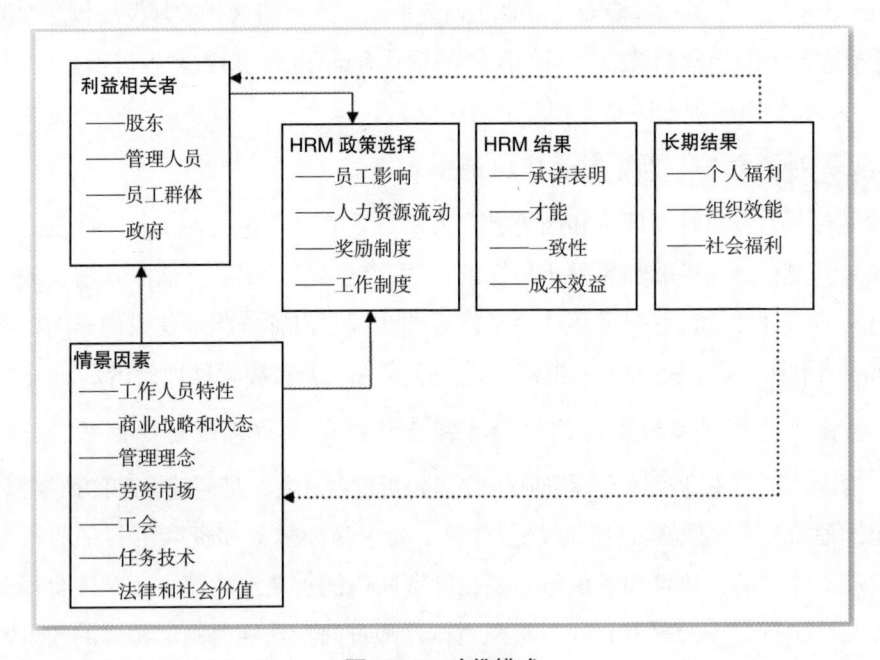

图1-2-1 哈佛模式

人力资源管理的目的是吸引最好的人员进入组织并根据他们的技能和态度分配适当的职位，对他们进行管理以便于发挥每个人最大的工作能力，并且能将这些员工的工作期限保留在适当的范围内，从而使这些"资源"对组织的贡献最大化。人力资源管理对组织获得效益、提高竞争力能起到关键的作用。哈佛模式反映出人力资源管理一个非常重要的特点，即它明显或隐晦地包含了一种思路，这种思路赋予了员工一种竞争优势，使其能够提高服务质量、加快实施速度、提高反馈速度。这点非常适用于高校教师群体的管理。另外一点是如果一个组织的管理行为是由人力资源人员规范并监督的，那么这些制度在实践中的评价就由其他管理者执行，体育师资队伍的管理问题与管理者的关系是互相制约、互相促进的。从这个意义上来说，哈佛模式具有更广泛的适用性。

（2）分析框架构建。本书依据哈佛模式的分析框架，结合人事行政管理理论及教师专业发展理论的理念和方法，提出适合理工为主高校体育师资队伍建设发展的分析框架。依据哈佛模式各部分之间的关系，结合理工为主高校体育师资队伍的组成情况，界定利益相关者为体育教师与体育管理者；情景因素界定为理念、能力与特征；人力资源管理长期结果主要界定为教师发展及学科发展；政策选择主要针对体育师资队伍结构、考核机制与激励机制三个模块，具体阐述如下（图1-2-2）：

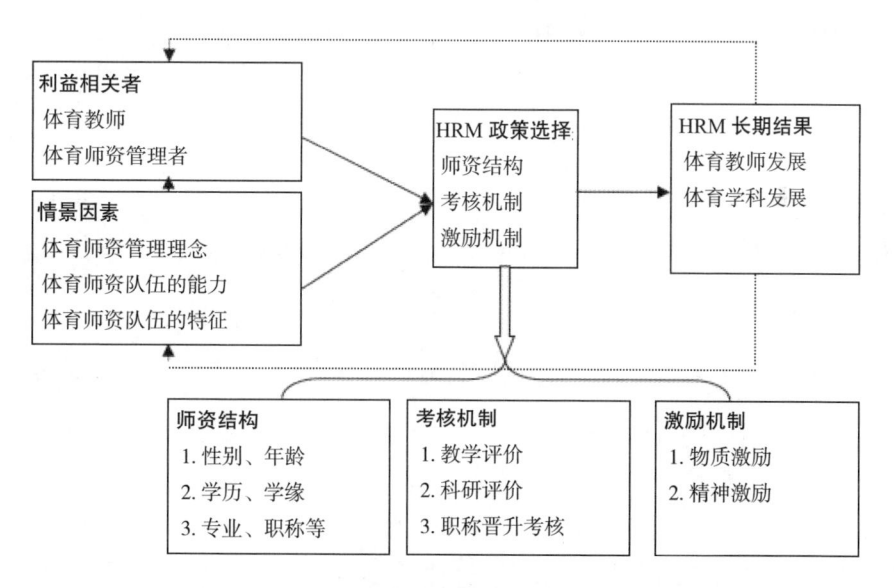

图1-2-2 理工为主高校体育师资队伍管理分析框架

资料来源：依据相关资料整理而得。

1）师资结构。体育师资队伍结构是体育学科发展及建设高水平大学的重要保障，合理的师资队伍结构将极大地促进学科的发展，反之则制约发展。通常，体育师资结构包括性别、年龄、学历、学缘、专业、职称等。结构现状反映的是理工为主高校对体育师资队伍在规划、招聘、培训等方面的基本情况。考虑到高校的发展定位中师资结构是关键因素之一，而且解决问题的核心是得出可以量化的教师构成比例，因此本书将其作为重点分析对象。

2）考核机制。人力资源管理理论认为，考核制度是任何优秀管理组织必须具备的。高校体育教师是高校重要的人力资源组成部分，促进体育教师在教学和科研方面的发展是考核的出发点和归宿点。在岗位目标制定、考核量化指标的制定及内容设计等方面应该尊重体育的学科特性和科研活动需要长期积累与创新的特点，充分发挥考核的正向积极的激励作用，达到最终的考核目的。考核的主要目的是使教师努力实现个人目标和高校目标，并将两者有机结合起来。本书将教学效果、科研成果作为两个重要的考核指标。其考核的核心是绩效评价指标、评价方法及评价的体系是否科学、合理、有效。科学合理的评价机制，对发挥教师的创新性、加强师资队伍建设具有重要的作用。

3）激励机制。调动教师的工作积极性、主动性和创造性是激励机制的关键。合理的激励能使教师始终保持兴奋状态，创造高效率的工作业绩。但是，激励不当也会对高校教师产生反向影响，甚至抵触情绪，影响教师教学和科研工作的开展。一般来说，激励包括物质激励与精神激励。物质激励是激励的基础，主要为教师的薪酬中，为改善教工物质和文化生活所采取的措施。在传统的人事管理中，激励就是工资的代名词。其实激励在人力资源管理模式中处于重要地位，激励机制在吸引人才、使用人才方面发挥着重要的作用，是创造管理高效率的根本。因此本书在文献研究的基础上，设计了精神激励、薪酬激励和个人发展作为激励机制实施的三个重要指标。

（二）实践意义

高校体育管理的根本目标是增强学生体质、促进学生身心健康，培养学生的终身体育意识，使培养出的大学生是德、智、体全面发展的社会接班人才。提高高校体育师资队伍管理的有效性，使体育教师能够全身心地投入学校体育教学工作中是一个亟待解决的重大问题，是提高教育质量与实施体育教育改革的支撑点。本书基于管理学的理论视角，从体育教学出发，对理工为主高校的体育师资队伍进行研究具有重要的实践价值，具体体现在以下三个方面。

1.培养体质健康大学生的现实需要

大学生的健康成长历来受到国家的高度关注和殷切指导。1951年7月全国学生联合会第15届代表大会决议提出要努力改进全国学生的健康状况,要使每一个学生都具有强健的体魄,能够胜任紧张的学习和繁重的工作;1955年颁布的《中华人民共和国体育法》对体育工作又有了明文规定:国家推行全民健身计划,实施体育锻炼标准,进行体质测试。2014年,教育部印发了《高等学校体育工作基本标准》;党的十七大报告和十八大政府工作报告,都从不同侧面对学校体育的发展提出了明确的期望和要求。

但是,从1985年至2015年,我国对学生体质健康状况进行了7次大规模的调研,体质监测结果报告显示我国学生的身体素质继续呈现下降趋势,除了坐位体前屈指标外,爆发力、力量、耐力等身体素质连续下降,出现大、中、小学的体质测试成绩连续多年持续下降的现象。这些现象引起了人们的广泛关注,不禁令人怀疑学校体育教学的水平问题。体育教学是体育教师工作的主要表现形式,通常意义上理解的体育课就是锻炼身体,增强体质,我们对体质的内涵的理解为:身体素质和运动能力,即身体在生活、劳动和运动中所表现出来的力量、速度、耐力、灵敏、柔韧,以及走、跑、跳跃、投掷、攀登、爬越、悬垂、支撑等。影响人体质的因素很多,如遗传、环境、营养、教育、体育锻炼、生活方式等,但在这些因素中学校教育,特别是学校体育锻炼,对增强学生体质具有重要影响。

另外,在高校体育健康教育可持续发展道路的建设上,核心应立足大学生身体与心理健康教育的全面发展,促使大学生心理健康成为教育的全新侧重方向。在以往的研究与探索方向中,心理健康教育主要结合社会道德教育这一方面开展,忽视的则是社会层面的心理健康教育因素,不能适应当代高校体育健康教育终身化改革思想。大学生心理素质作为人才质量的重要组成部分,已引起社会普遍关注。大量现象说明目前我国年轻大学生的身体及心理健康状况均有待提升。

我们应该清醒地认识到,体育教育不仅仅是为了锻炼身体,还是发展健全人格的有效途径,更是凝聚人团结的力量。刘献君教授从教育与教学的关系出发,指出师资队伍建设的目的一定要以促进学生的成长为出发点和落脚点。因学校的类型和定位不同、对学生的培养目标不同,所以,对教师的要求也不同。教师应该从自己学校的特色需要出发制定不同的教学目标。在培养高层次人才的诸多手段中,体育是一个重要手段。大学生应该有强健的体魄,这是人才培养中不可忽视的一个重要因素,也是衡量学校工作好坏的一个重要指标。增进学生身体健康,也是保证学生完成学习任务、培养具有强健体魄的现代青年的重大任务之一。比如复旦大学已把身体健康、体育成绩与学位挂钩，如果学生健康和体育不达标，就不能拿到学位和文凭。复旦大学认为，大学输送的是合格人才，如果体育方面达不到要求，也不应该从学校出去。

总之，体育是促进教育的重要手段，也是修心、强体的绝佳途径。改善大学生的体质要从身体和心理两方面着手，必须要有素质过硬、结构合理的体育师资队伍，以造就一代又一代全面发展的青年。高校要以"健康第一"为起点，不断加强对学校体育工作的重视，促进学校体育工作更加健康、快速发展。培养全面发展的社会主义合格建设者和接班人，也是体育教师的光荣使命，任重而道远。

2.提高体育教师科研创新能力的需要

21世纪是世界经济全球化、知识一体化和信息化的时代，科研创新成为高校教师发展的唯一出口。理工为主高校体育教师也必须从事科学研究，创造新知识，发挥体育科研促教学的重要育人作用。

从19世纪初，洪堡在德国柏林大学提出"教学与科研相结合"的原则，到1978年邓小平提出的"科学技术是第一生产力"，科研创新一直是高校教师的必备能力之一。理工为主高校体育教师的科研创新体现在对体育学科领域前沿理论的不断学习追求，对知识、技能、技术的把握和创造中。同时也体现在对教学方法和现代体育教学技术的研究与创造，对教学的热情和认真投入的态度中。追求新知、不断实践创新是作为高校体育教育专业教师的基本要求。在教学和科研工作的各个环节都可以体现教师的创新能力。通常我们考察一名教师的创新能力，可以通过科研水平来衡量，教师的科研情况反映教师的创新能力。

首先，理工为主高校应给体育科研适当的定位，加大经费投入，加强科研实验室等基础条件建设，注重体育学术期刊的订阅和图书资料的积累，以满足教师体育科研之需；还要加强制度建设，把高校体育工作列入教育行政部门与学校负责人业绩考核评价指标，对学生体质测试连续下降的地区和学校，在教育工作评估中实行"一票否决"。

其次，教育行政主管部门应积极组织高校体育学术论文报告会、教材教法研讨会等活动，交流学术成果，营造良好浓厚的科研氛围。要制定切实可行的体育科研奖罚措施，重奖质量高、具有突破性的研究成果。

再次，体育教师要树立"以科研促教学的理念"。不断增强科研意识，努力提高科研素养，克服科研浮躁、急功近利思想。要有危机意识，将科研工作当作自己在学校立足的生命线。为此，高校体育教师要主动扭转科研工作中的"说起来重要，做起来不要"的被动局面。高校体育教师必须熟悉和掌握体育教育方面的知识，尽快掌握进行健康教育教学管理方面的能力，了解体育专业方面的国际化知识，通晓与本专业相关的国际惯例。为与国外同行进行交流与合作，至少要精通一门外语，以便尽快获取国外信息。要尽快改变当前的教学状态，尽可能有效运用现代教学技术手段，提高教学效率和质量。增强自身指导、咨询和顾问方面的能力。在知识竞争时代，体育教师要想生存，不仅要提高学历、改善知识结构，更要真正提高教学与科研能力和水平。否则，很难在高校占有一席之地。

此外，体育学科的发展还需要国家政策的大力支持。总之，体育学科的发展需要高水平的体育师资队伍，不但需要高校在客观条件上为体育教师提供优越的研究条件和配套的保障条件，更需要体育教师发挥主观能动性，体育学科才能拥有成熟的理论与实践体系。

3.推动理工为主高校体育学科发展

推动学科发展是高校人才培养和科学研究的必经之路。学科的发展水平，是一所大学在国内外地位的主要标志，有了一流的学科，才能吸引一流的人才，才能充分发挥人才的价值。加强体育学科建设既是提高体育教学、科研能力的过程，也是以学科发展变化为基础的社会行为，更是提高体育教学与体育科研水平的关键。体育学科是高校体育教学水平与科研水准和办学特色的一个重要标志。体育师资队伍建设对体育学科的发展起着至关重要的作用，体育师资队伍建设水平高，就能推动其健康快速发展，反之，则会制约其发展的速度与质量。由于历史原因，体育院（部）多年来处于理工为主高校边缘化的地位，致使这类高校体育学科的发展仍然存在很多不完善的方面。一方面是体育在高校的"高度"不够。体现在体育师资队伍建设上，领导层对体育师资队伍建设多年来一直重视不足，与学校的其他学科教师，尤其是与优势学科的教师比较，在师资队伍结构建设、职称评比、外出培训、课题申报、教学设备、场地设施条件等软硬件方面都存在很大差距。另一方面，体育学科发展在"深度"培养人才方面存在突出问题，学生体质连续十多年持续下降。理工为主高校培养的学生首先应该身体健康，然后才能追求高深学问，熏陶高尚道德，具有创新能力。目前，学生体质健康水平仍然是高素质学生的短板，其根本原因是体育学科发展滞后。要想改变这种现状，首先要从根本上加强体育师资队伍建设，有了稳定、富有潜力的高水平体育教师队伍，才会有理工为主高校体育学科持续发展的人才优势。

2011年国务院学位委员会、教育部印发的《学位授予和人才培养学科目录

（2011年）》中，艺术学从文学门类下剥离出来成为独立学科门类，而体育学界长期呼吁的体育学科的独立却没有实现，依然属教育学门类下的一级学科。艺术学的独立，不免让体育学界颇为羡慕和着急。其实，更让我们着急的是体育学科发展过程中存在的诸多问题，如体育教师队伍中具有博士学位的教师数量不足，体育教师队伍缺少学科带头人，体育院（部）的发展相比其他学院的发展步伐明显缓慢等，这些都需要依靠高校的体育管理者及体育教师来解决。

我国著名的教育学专家瞿葆奎教授在总结有关学科是否成熟的标准时指出：评判一门教育科学的分支学科是否成熟，其指标可以从两方面看：一是属于"理论"方面的——对象、方法以及理论体系；二是属于"实践"方面的——是否有代表人物、著作、学术组织、学术刊物。而无论在"理论"方面还是在"实践"方面，体育学科的发展都存在诸多急需解决的问题，解决问题的关键要从以下两方面着手。

（1）就"理论"方面而言，体育师资队伍建设不仅要关注教师的专业知识、专业能力的培养，还要关注教师的专业训练、专业自主和专业组织的建立，要通过多元化的教师教育培训体系，以提高教师的关键能力为本，关注教师教育的统一标准和个性化的专业发展要求，深刻挖掘校本培训和校外培训的潜力，努力打造能够适应时代发展要求的体育师资队伍。

（2）在"实践"方面，要重点培养体育教师的科研能力，如加大学科带头人的培养力度；在科研方面增加科研激励机制、调动体育教师主动进行科研工作的积极性，培养优秀的体育科研团队，从而产出高质量的学术著作、学术刊物。可见，体育师资队伍建设对体育学科的发展具有重要的现实意义。

第三节　研究方法与技术路线

一、研究方法

本书综合运用文献研究法、深度访谈法、个案研究法、比较研究法及质性研究法等多种研究方法，在立足我国理工为主高校实际情况的前提下，改善当前体育师资队伍建设中的不足，提高体育师资队伍整体水平，为体育师资队伍健康持续发展提出合理的模式构想。

（一）文献研究法

所谓文献研究法就是搜集、鉴别和整理各种相关文献资料，并对其中的信息做出筛选、分析和研究，进而全面正确地了解和掌握所要研究的问题，以达到预定研究目的的方法。文献是记录相关研究知识的载体，包括记录已经发表过的或虽未发表但已经被整理、报道过的知识和其他一切信息的载体。文献的分布比较广泛，形式众多，常见的形式有：书籍（包括专著、名著、教科书、资料性工具书、手册、科普读物等），报纸，期刊（学术期刊、综合性期刊），档案资料等。

查阅文献有两个方面的积极作用：一方面是借鉴，通过查阅文献可以向前人和其他研究者学习优秀的研究思路、研究设计、科学的知识理论等，还可以汲取前人研究的宝贵经验，吸取失败的教训，避免不必要的重复；另一方面是提高，查阅文献可以加深研究者对所研究课题的理解，帮助厘清主题和变量，完善设计与研究方案，搜集论证研究假设的论据和材料，这对提高研究者的研究能力大有裨益。

文献研究法是本书作者此次所使用的一个基本方法。本书试图在对国内外相关文献进行回顾整理和分析的基础上，进一步对高校体育师资队伍建设的现状、产生原因及改进策略进行研究。

（二）深度访谈法

深度访谈法又称深层访谈法，是一种无结构的、直接的以口头形式进行的个人访问，根据被询问者的回答，搜集客观的、不带偏见的事实素材，以准确地说明样本所要代表的总体的一种方式，深度访谈法主要用于为获取对问题的理解和深层了解的探索性研究。布迪厄在其所著的《实践与反思——反思社会学导引》中说："在充分地了解了个人的社会阅历和生活背景之后，我们就可以进一步进行非常详尽的、高度互动的深度访谈，以协助被访者发现和表述他们生活中所存在的惨痛的悲剧或日常的不幸背后所潜藏的规律，帮助他们摆脱这些外在现实的禁锢和侵扰，驱散外在现实对他们的内在占有，克服以'异己'的怪兽面目出现的外在现实对人们自身存在之中的创造力的剥夺。"在本书中，作者针对文献梳理研究和理论辨析后找出的体育师资队伍建设中的突出问题和影响因素，制订访谈提纲，对体育教师及体育师资管理者进行深度访谈，并详细记录访谈数据，为本书的撰写提供了实例资料。

本书的访谈对象有两类：一类是理工为主高校体育专任教师，另一类是理工为主高校体育管理人员。在体育专任教师访谈样本的选择上，选取了以沈阳、西安、上海的理工为主高校的 20 名体育教师，他们在岗位、年龄、性别、工作年限等方面均有所区别。在体育管理人员访谈样本的选择上，从受访体育专任教师所在的 3 所高校中选取了 10 名管理人员，他们在职务、性别、工作年限、主管业务等方面各不相同。在访谈方法的运用上，为了提高访谈效率，对访谈对象均采取了面访和电话访谈相结合的方法，在个别访谈、电话访谈中主要运用了提纲式访谈法。在访谈提纲的设计上，从体育师资队伍建设的主要影响因素及产生的原因这两个问题维度来展开访谈调研。通过对访谈记录的分析，了解了理工为主高校体育师资队伍建设的现状，以及在体育师资引进、体育师资培训、管理等问题方面的影响因素和产生原因，为理工为主高校体育师资队伍管理对策的提出奠定了基础。

（三）个案研究法

个案研究法是质性研究最常运用的研究方法，它是对某一个体或团体的行为进行追踪研究的一种方法。一般的做法是：研究者通过对多个或单个个案材料的记录、收集和分析，整理后写出个案报告。个案研究通常采用面谈、观察、搜集文件性佐证材料、描述统计、测验、图片、问卷、制作录像或影片等手段进行。

尽管个案研究是以某个或多个个体作为研究对象，但不能说其结论是以偏概全的。大多数情况下，研究结果是完全可以推广到一般情况的，也可以在个案之间作比较后，在实际中加以应用。对个案研究结果的应用及推广属于判断范畴，而不属于分析范畴，个案研究的结果会为这种判断提供经过整理的经验报告，并为判断提供依据。

根据研究需要，本书选取了东北大学、西安电子科技大学、华东理工大学 3 所理工为主高校的体育院（部）的体育师资队伍建设情况作为个体，分别从学科特色、教学的培养目标、教学的特色要求、体育师资队伍建设的现状及未来发展规划等方面进行调研、比较并进行深入的分析，从而以个体的视角反映理工为主高校的体育师资队伍建设现状、体育师资队伍培训及体育教师的人才引进等情况。个案研究法能够弥补文献研究法和访谈调查法的不足之处，并与上述两种方法相互验证。

（四）比较研究法

比较研究法就是根据一定的标准，对两个或两个以上有联系的事物进行考察，寻找其异同，探求普遍规律与特殊规律的方法。根据不同的标准，可以把比较研究法分成如下几类。

（1）按属性区分，根据用于比较的数量，可分为综合比较和单项比较。综合比较是将事物的多种或所有属性加以比较；单项比较是将事物的某种属性进行比较。单项比较是综合比较的基础。

（2）按时空区分，可分为纵向比较与横向比较。纵向比较就是比较同一事物在不同时期的形态，从而明晰事物的发展变化过程，揭示其规律；横向比较就是对空间上同时并存的事物进行比较。

（3）按目标的指向区分，可分成求同比较和求异比较。求同比较是寻求不同事物的共同点以寻求事物发展的共同规律；求异比较是比较两个事物的不同属性，从而说明两个事物的不同，以发现事物发生发展的特殊性。

（4）按比较的性质区分，可分成定量比较与定性比较。定量比较就是对事物属性进行量的分析以准确地确定事物的变化；定性比较就是通过事物间的本质属性的比较来确定事物的性质。

（5）按比较的范围区分，可分为宏观比较和微观比较。

（五）质性研究法

质性研究是指诠释资料的非数量化历程，目的在于发现原始资料间的概念（concepts）及关系（relationships），然后将其组织成一个理论性的解释框架（theoretical explanatory scheme）。这些资料包括访谈和观察资料，也可能包括文件、影片或为其他目的收集的资料。扎根理论法作为质性研究的重要方法，正被越来越多的学者关注。所以，本书作者运用质性研究法中的扎根理论法进行研究。

扎根理论法最先是由国外的金融学家格拉斯及施特劳斯在1967年提出的，它是一种能够帮助研究人员从纷乱的表面现象中探索和挖掘出具有一定代表性和总结性内容的方法，该方法最重要的一点是能够辅助研究人员从访谈的素材中找到所需的真理而不是去验证已经存在的原理。扎根理论法强调对原始素材的采集和解析，坚持"所有素材都是崭新的"这个概念，通过对访谈素材进行展开，然后总结归纳出其原理。该方法在对假设的构筑与真相的拓展方面都拥有突出的亮点，可用来实现很多原创性和关键性的发现。由于作者尝试从几个个体的访谈里找寻出理工为主高校体育师资队伍建设的关键影响因素，从本质上说，具有一定的创新性，所以作者选取扎根理论法作为主要的素材解析和原理总结的方法。

二、技术路线

技术路线如图 1-3-1 所示。

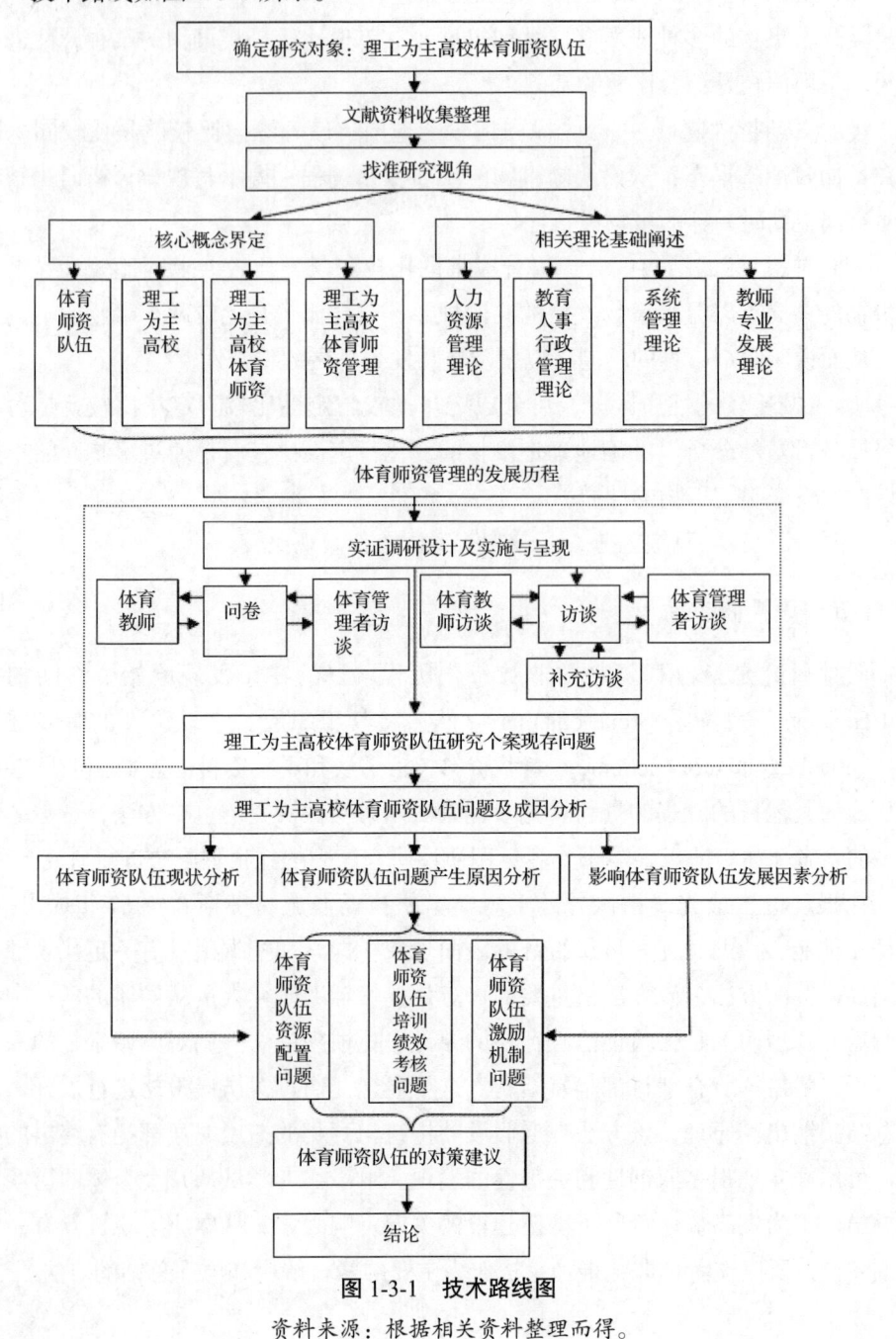

图 1-3-1　技术路线图

资料来源：根据相关资料整理而得。

第四节 研究的主要内容和基本框架

一、研究的主要内容

体育教师作为培养身心健康全面发展社会所需人才的实施者,发挥着举足轻重的作用。完善和优化高校体育师资队伍建设与管理,已不仅仅是高校自身亟待解决的问题,而是整个教育体系和全社会需要面对和解决的一大难题。未来各高校应结合自身发展实际,合理规划体育师资队伍建设,探索更广泛的发展空间,为社会经济建设培养有用人才做出更大的贡献。

正是基于这样的考虑,本书以理工为主高校的体育教师为主要研究对象,运用文献梳理与逻辑分析相结合、实证研究与理论探究相结合、问卷调查、专家访谈、对比分析等方法,对理工为主高校的体育师资队伍的现状进行全面的了解,掌握第一手资料。通过对比,总结、归纳出理工为主高校的体育师资队伍建设中存在的问题,在此基础上,结合人力资源管理理论、高等教育人事行政管理理论、教师专业发展理论,深入剖析问题产生的原因,借鉴发达国家高水平大学体育师资队伍建设的成功经验,结合我国理工为主高校体育师资队伍建设的实际情况,构建适合理工为主高校体育师资发展的模型、预测体育师资队伍的发展趋势、提出切实可行的提高和改进理工为主高校体育师资队伍建设的建议及对策。

二、基本框架

本书大体上可分为以下四个部分:

第一部分:绪论、第二章,对本书的基本情况进行铺垫与介绍。绪论主要阐述本书的选题依据和背景,确定研究的目的和意义,论证选题的重要性和可行性;通过文献的搜集整理,在分析以往研究的基础上提出论文研究方法与创新点。核心概念及理论基础部分,首先对本书涉及的主要概念进行界定,之后对本书涉及的多种理论及其意义进行论述。

第二部分:本书主体部分,包括第三章、第四章、第五章。这一部分首先对理工为主高校体育师资队伍管理发展史进行回顾分析,在此基础上,对理工为主院校体育师资队伍进行实证调研,得出理工为主高校体育师资管理存在的问题。最后,分析理工为主高校体育师资队伍现存问题的成因,总结理工为主高校体育师资队伍建设的共性、差异性，各自的经验与缺陷、长处与不足。

第三部分：第六章。这一部分探讨完善理工为主高校体育师资队伍改进对策。理工为主高校体育师资队伍建设与管理应该紧跟国家教育发展战略计划，以培养健康的合格人才为己任，同时依托理工为主高校师资队伍的现实情况，根据理工为主高校体育师资队伍建设的问题，提出适合理工为主高校体育师资队伍建设实际的建议，促进理工院校体育师资队伍建设的发展。

第四部分：结论。对整本书写作进行回顾总结。

第五节　研究的创新点

一、选题视角的创新

本书选择理工为主院校的体育师资队伍作为研究对象，主要是由理工为主院校的体育教师占有特殊的平台决定的。平台作为工程学上的名词，是因工作之需而设置的，不仅是进行工程工作的基石，也可以视为某项工作的运行基础。任何工作，都离不开平台的支撑。同样，理工为主高校的高平台是体育教师的个人发展或团队发展的重要载体。重点分析体育师资队伍建设在高平台上的发展状况，是因为它不同于体育专业院校的体育师资那样，更加注重体育教师自身运动专业技能的掌握与教学。理工为主高校的体育教师有着特殊的地位。首先，占有理工为主院校的综合发展的独特的资源优势大平台，对办出具有自己特色的专业具有得天独厚的条件。另外，大部分理工为主高校的体育院（部）都从学校的直属部门发展壮大到独立的教学单位，有了自己的专业本科学生，大部分理工为主高校的体育院（部）还招收自己的硕博研究生。随着招生规模的扩大及招生层次的提高，理工为主高校的体育教师工作发生了变化，由从前以公共体育课教学为主转变到带专业本科生、硕士生、博士生，同时对体育教师自身的教学能力、科研能力提出了更高的要求。但是随着理工为主高校体育院（部）的发展壮大，一些体育师资管理问题（体育师资队伍的结构问题、体育师资队伍的评价机制问题、体育师资队伍的资源浪费问题等）也逐渐暴露出来，目前尚未见研究此类问题的博士论文发表。及时发现问题并提出具有实效性的建议，可以推动体育院（部）的快速发展，更能推动理工为主高校体育教学质量的提高。

二、研究方法的创新

本书运用了定性和定量相结合的研究方法，使研究问题更深入，首先是对研究目标高校的体育教师进行了问卷发放，在基本掌握体育教师队伍建设现状的基础上，运用深度访谈法对体育教师和体育师资管理者进行大量的访谈资料收集，掌握第一手资料。而后使用质性方法对访谈原始资料进行分析，提炼影响理工为主高校体育师资队伍建设的主要影响因素。其次，本书采用了个案研究法，通过分析我国高水平理工为主院校的体育师资队伍建设问题，提出了理工为主高校体育师资队伍管理存在问题的主要影响因素的理论模型，为高水平理工为主大学体育学科发展及体育师资队伍管理提供了重要的参考资料和决策依据。

三、研究内容的创新

本书对理工为主高校体育师资队伍建设从质性研究入手，进行了理工为主高校体育教师的管理模式及管理机制的重构，使研究内容更系统，这是又一个创新点。建立一套适合理工为主高校体育教师发展的最优化的管理模式，从管理制度、考核评价方式、激励机制及监督机制等不同角度进行修订完善，使其更加科学，将有效提高理工为主高校体育教师的管理效率，最大限度地优化理工为主高校体育教师发展的平台，创建健康的体育教师发展大环境，充分调动理工为主高校体育教师的积极性，使理工为主高校体育师资队伍建设良性发展。

第二章　核心概念及理论基础

2016年6月15日国务院印发了《全民健身计划（2016—2020年）》，2016年9月5日国家体育总局公布了《青少年体育"十三五"规划》，体现了国家从战略高度对体育的发展提出新的要求。高校体育组织作为大众体育的重要组成部分，无论是对青年的健康成长还是对大众健身的社会服务都能起到极其重要的作用。因此对高校体育师资队伍管理的研究具有重要的价值。科学合理的概念界定是进行科学研究的前提条件。对理工为主高校体育队伍建设相关核心概念内涵的界定，关系到本书的研究范围，模糊不清的概念界定会导致研究目标的方向偏离。为此，本书首先需要厘清相关的基本概念，从而为准确把握深层次的研究规律打好基础。从理工为主高校体育师资队伍建设具有特定的内涵出发，主要回答了理工为主高校体育教师应该具备怎样的特征以及理工为主高校体育教师应该具有怎样的素质，明确理工为主高校体育师资队伍建设的范畴。

第一节　核心概念界定

基本概念是建构理论的逻辑起点，也是进行问题分析的有效工具。在关于理工为主高校体育师资队伍建设的研究中，涉及的基本概念主要有以下几个：体育师资队伍、理工为主高校、理工为主高校体育师资、理工为主高校体育师资管理。对上述基本概念的界定和厘清是研究的基础。

一、体育师资队伍

体育是在人类社会发展中，依据生产和生活的需要，遵循人体身心的发展规律而产生的一项特殊的实践活动。"体育"一词,其英文是 physical education（PE）,指的是以身体活动为手段的教育,直译为身体的教育,简称为体育。

由于中外文明程度的不同,在"体育"一词出现前,世界各国对体育这一活动的称谓各不相同。"体育"一词最早出现在 1762 年出版的法国思想家卢梭的《爱弥尔》一书中,书中讲述了对男孩爱弥尔的身体教育过程,首次用到了"体育"一词,并论证了体育在教育中的重要地位,认为体育可以增强智力、磨炼意志、培养优良品德。由于该书激烈地批评了当时的教会教育,引起了很大的反响,"体育"一词由此流传开。也有学者认为"体育"是 1868 年日本人翻译卢梭的《爱弥尔》时,采用"移花接木"法构造的一个新词。到了 19 世纪,教育发达的国家普遍使用"体育"一词。关于中国"体育"一词的由来,毕世明（2005）的考证比较权威,他查阅了大量的资料,在《二十种说法究竟哪个准确？——关于"体育"一词最早出现时间的核查》中提炼了二十种不同的说法,然后逐一考证,得出的结论是：首倡"三育并重"的并非严复,而是他的学生梁启超。梁启超在 1901 年出版的《南海康先生传》中,在文字上首先把"德育、智育、体育"并列在一起。体育一词引入中国最初是作为教育的组成部分而出现的,是以身体活动为手段的体育教育活动,其并重于智育以及德育。

师资,拆开来看：师,指教师；资,指资源。《现代汉语词典》的解释是"指可以当教师的人才"。本书"师资"指学校中在编的具有专业教师职务的全部工作人员,包括教学、科研及管理岗位上的教师。师资是教育人力资源的重要载体。从师资队伍的概念上说,有狭义与广义之分。狭义的师资队伍仅指专任的教师队伍。广义的师资队伍,除了专任教师队伍外,还包括科研人员队伍、教辅人员队伍、政工人员队伍及管理人员队伍等。此外,师资队伍还存在一个结构问题,根据不同的标准,师资队伍可以形成不同的结构,主要包括学科结构、年龄结构、性别结构、教学人员与教辅人员比例结构等。师资的数量、质量和结构对一所学校的教学水平与教育质量具有直接的影响。

基于以上分析,本书的体育师资队伍主要指：在高校中进行体育教育活动,从事体育教育教学、科研及管理工作的教师组成的团体。他们作为高校师资队伍的重要组成部分,在高校教育中发挥着极其重要的作用。

二、理工为主高校

"理工"一词首先是由我国的留学生在 1880 年从国外的 Science 和 Technology

翻译合成的。理科指数理化等基础科学，学习理论和方法；工科是培养技术和工艺的，指应用类的或工程类的学科（如机械、建筑）。理工是个结合扩大的领域，包含物理、化学、生物、工程、天文、数学及这六大类的各种运用与组合，事实上是自然、科学和科技的融合。我国理工大学原为单科性大学，或以理科为主，或以工科为主，有别于文史类、管理类、军事类、医学类等其他大类。

随着社会的进步，科技的发展，理工教育在中国的重要性慢慢凸显。1949年新中国成立后，由于大规模建设的需要，受苏联模式影响，在"培养工业建设人才和师资为重点，发展专门学院，整顿和加强综合性大学"的方针指导下，我国大力发展工业学院，主要是单科性专门学院。理工教育成为强国富民的重要推动力，在我国的高等教育系统中一直居于重要地位，理工科研究型大学更是重中之重。

从1958年开始，我国教育界开展了以教育同生产劳动相结合为中心的教育革命。这个时期明确了科学研究在高等学校的地位，许多高等工科院校结合教学、生产实践进行科学研究，由教师引导，大学生进行毕业设计实践，为高等工程教育的改革提供了一定的经验。

1978年后，我国进入一个新的快速发展期，各行各业对技术人员的需求量剧增，理工教育也迎来了繁荣发展期，高等理工教育取得了巨大的发展。到1989年，全国高等学校1075所，其中，理工院校286所，占26.6%。1998年以后，高等教育进行体制改革，使很多工科院校改名升级为综合性大学，理工院校走出了一条崭新的发展道路。2001年，全国共有高等院校1225所，理工院校231所，占18.9%；共有高等院校在校生7190658人，其中理工院校学生占34.6%。为社会科技的进步与发展做出了重大的贡献。

如今，理工为主高校是指以理工科为主，文、法、管、教、经相结合的综合型大学。所谓"综合型"大学，就是指学科门类覆盖面较齐全，学科设置上以理工为主，同时具有文、法、经、教、医等多学科种类，各学科间协调发展的大学。在办学类型上，普通高等理工院校都希望办成综合型、多科性、研究型的大学；在办学层次上，很多都提出了办成本科、硕士、博士一体化的"国内一流，世界知名"的高水平大学，区别于以理科或工科为主的单科性大学。目前，关于理工为主高校的范围界定还没有统一的标准，我国学者根据研究的目标不同，对理工为主高校的界定也采用不同的标准。学者闫磊通过分析理工科学生创造力总体特征而得出结论，理工科类学生大多数具有较高的创造潜能，他们主要表现出立法性、执行性、可塑性、自由性的思维风格。理工为主高校一般专业化程度较高、科研能力较强，是完成基础性、战略性科研项目的主要力量，承担着创造型人才培养的主要任务。

所以，本书所指的理工为主高校就是以理工科为主体，重点体现理工学科优势的高校，在此类高校中，其他学科虽然齐全，但都是后起之秀，不占主要地位。

三、理工为主高校体育师资

理工为主高校在国家的政策支持和社会各界的鼎力相助下，取得了显著的成绩，为社会培养了一批又一批的优秀人才，并进一步提出了向研究型、国内知名大学、世界一流大学发展的目标。因理工为主高校的高目标发展战略定位，一定程度上推进了理工为主大学的体育学科的发展。体育学科作为理工为主高校的重要组成部分，对学校体育教学、培养身心健康的大学生具有重要的地位和作用。因此，对体育师资队伍的优化管理是保障取得高质量体育教学效果的重要因素之一。但由于我国理工大学存在一种强化理工学科发展的正反馈机制，使得体育学科的发展、体育师资队伍建设长期处于这种"闭锁循环"之外，处于难以突破、徘徊不前的状态。

鉴于特殊的职业环境和工作内容，加之教授的学生具备较强的学习自主性和较高的知识储备量，理工为主高校教师的教学能力的内涵势必更丰富，外延也更宽广，不仅要满足教师职业的普遍性要求，也应具备理工为主高校的特性。国内学者王战军归纳出理工为主高校的两个要点：一是"以知识的传播、生产和应用为中心"。理工为主高校居于高等教育系统顶层，其各项功能应在延续共性的基础上更好地体现自身特质，凸显和扩展理工为主高校作为知识共同体的效能，以知识为活动基点，在知识的传播、生产与应用中开展人才培养、科学研究和社会服务。二是"以产出高水平科研成果和培养高层次精英人才为目标"。理工为主高校作为学术性育人组织，其目标的契合之处蕴含着"研究"的关键特性，表明此类大学肩负的特定使命为整合教学与科研的功能要素，以开创性研究活动来培养一流人才，并通过该行动方向激励和规范组织发展。

理工为主高校为了培养出身心健康、德才兼备的大学生，加强体育师资队伍建设是必须解决的问题。高水平的师资队伍是理工为主高校成为具有世界先进水平的一流大学的重要因素，体育教师作为师资队伍的重要组成部分，具有不可忽视的作用。因此，作者认为，理工为主高校体育师资是在具有体育教师职业特殊性的基础上，兼具理工为主高校特点的师资，要在充分发挥体育资源优势的前提下，以培养出身心健康的大学生为己任。

四、理工为主高校体育师资管理

高校体育师资是高校体育工作开展的核心和基础，而如何有效地发挥体育人力资源的效率是体育管理工作的关键。查阅资料显示，当前高校体育资源既存在人力不足的问题，也存在使用效率低的问题。造成这种现状的原因虽然是多方面的，但主要还是管理上的问题。管理理论表明，管理和技术是决定组织效率高低或组织资源能否得以充分利用的两大主要因素。

我国学者阮明华在1987年探讨高校体育师资管理问题时，指出高校体育教师的管理是高校教育管理的重要组成部分，高校体育管理系统是复杂的，多层次的，体育师资管理包括宏观和微观两方面。也有学者指出高校体育师资管理主要是对体育人才的数量与质量的管理，人才的激励及潜能的发挥，是形成部门竞争优势的核心。还有的学者对高校的管理机制进行剖析，了解体育教师聘用及职后培训等管理机制方面的问题。

作者认为，对于理工为主高校的体育组织而言，体育教师是最有潜力的资源，如何发挥体育师资队伍的最大效率，与体育师资队伍的组织结构、考核机制及激励机制息息相关。因此，理工为主高校应借鉴本校优势学科的成功管理经验来提高对体育的认知，从战略管理的高度，加强体育师资管理的制度建设；体育院（部）的领导也应该从本院（部）的体育教师实际情况出发，在执行学校文件的基础上，完善现存制度的不足、优化体育师资的结构；针对体育教师的特点，制定适合体育教师队伍整体发展的考核制度；在激励机制方面，按照体育师资队伍的特点，通过合理管理措施充分调动体育教师的积极性。

第二节　相关的理论基础及指导意义

理论基础作为科学研究的重要支撑点，是理论研究和实践研究的源头活水。只有在恰当的理论的指导下，科学研究，尤其是社会科学研究才能达到预期目标。本书以理工为主高校体育师资队伍的建设为研究对象，在众多具有指导意义的理论中选取人力资源管理理论、人事行政管理理论、教师专业发展理论及系统管理理论作为重要的研究基础。

一、人力资源管理理论内涵及其指导意义

人力资源管理理论发源于西方国家，首先由著名管理学大师彼得·德鲁克提出，而后在 1960 年由舒尔茨提出人力资本理论之后逐步形成和发展起来，其实践价值在众多领域表现相当重大。当今社会，从各个国家到诸多经济组织，都已经比较普遍地把人力资源管理作为最重要的工作内容之一。在该理论的指导下推动理工为主高校体育师资队伍建设的进程具有积极意义。

（一）人力资源管理理论内涵

人力资源管理就是管理工作中的"人"的问题，人力资源管理的实践包括：对人力资源进行有效聚合、利用、开发和评价的过程；对影响组织中人员的行为、态度及绩效的各种政策的制定。人力资源管理理论最早产生于 20 世纪 50 年代，是随着西方人本管理思想的出现，行为科学研究的不断深入以及人力资本理论和人力资源学说的形成而发展起来的，并随着实践的发展逐渐被人们所接受。

人力资源管理，是以提高劳动生产率、工作生活质量，取得经济效益为目的，对人力资源进行获取、保持、评价、发展和调整等一系列的管理过程，主要包括员工招聘、工作分析、绩效考核、薪资、激励、培训、职业生涯设计等。关于人力资源的指向，普遍被人们接受的是指社会人从胎儿开始的教育到成年后的使用、调配、管理直到老年退休后的发挥余热等全部过程，其重点在组织一切力量，有效地对全社会进行智力开发。人力资源管理是一个提高人的素质、挖掘人的潜力的过程。人作为最重要的生产要素，具有极大的潜能和潜力，加大对其的开发和投入，充分开发人力资源，就会产生更大的效能、效用和效益。

随着时代的发展，在人力资源管理中基于"能力"的管理逐渐取代了基于"工作"管理的思想，培训开发将成为未来发展的重要方向。人力资源管理的主要内容包括吸引、录用、保持、发展、评价等内容。有学者对人力资源管理目标提出了这样的看法为：第一，建立员工招聘和选择系统，以便于能够雇佣到最符合组织需要的员工；第二，最大化每个员工的潜质，既服务于组织的目标，也确保员工事业发展和个人尊严；第三，保持那些通过自己的工作绩效帮助组织实现目标

的员工，同时排除那些无法对组织提供帮助的员工；第四，确保组织遵守政府关于人力资源管理方面的法令和政策。人力资源管理有两个目标，广义的目标是充分利用组织中的所有资源，使组织的生产率水平达到最高；狭义的目标是帮助各个部门的直线经理更加有效地管理员工，具体而言即人事部门通过人事政策的制定和解释，通过忠告和服务来完成这两个目标。本书中对理工为主高校体育师资的管理就是对人力资源管理理论最基本的应用。

（二）人力资源管理理论对本书的启示

人力资源管理理论的实质就是通过各种手段提高人的素质，挖掘人的潜力，培养人对于自然、社会和人本身开发利用的能力。这里所说的人力资源，自然包括研究型大学的体育教师人力资源。我国理工类研究型高校一方面有对体育教师人力资源的需求和依赖，另一方面应注重对体育教师人力资源的开发、利用和管理。广义的体育人力资源是指体育系统内外一切能够推动体育发展的智力劳动者和体力劳动者的劳动能力总和。狭义的体育人力资源是指体育系统内接受过体育专业培养教育或受过专门体育训练和培训的能够推动体育发展的体育专业人员的劳动能力的总和。尽管人力资源理论已经发展成为一种成熟的体系，且具有多种优越性，但在对高校体育师资队伍管理过程中，却很少能成功地加以运用。作为人力资源一部分的体育人力资源来说，研究著作和文献都偏少。就作者所掌握的资料来看，大多是依据人力资源理论对体育人力资源或体育教育人力资源的一个概括性的分析，或对系统总体管理的质疑，缺乏对体育人力资源中不同人或社会因素的更深入的实证研究。对体育教育人力资源有待更加深入细致的分类并研究，特别是对体育教师具体的聘任、使用、流动等问题仍需进一步探讨。在一定程度上，现在的研究偏重了竞技体育领域，对实际的体育教育领域和大众健身领域涉及较少，再到体育教师这一具体环节更显得薄弱。

但是，实际情况是大多数研究型大学往往忽视体育教师人力资源的有效开发和管理，或者造成体育教师人力资源的短缺，或者造成体育教师人力资源的浪费，或者造成体育教师人力资源的流失，严重阻碍研究型大学的健康发展。因此，理工为主高校体育师资队伍建设应以体育教师人力资源管理为重点，依据人力资源管理理论，建立和完善吸引人才、公平竞争、提高体育教师素质和挖掘体育教师潜力的各种机制，提高体育教师师资队伍的整体质量。教师既是高校资源中最宝贵的资源，也是资本性资源，不仅具有可持续性，而且具有增值性。"教师人力资本"是体现在教师身上的知识和技能的存量,是后天投资形成的教师所拥有的知识、技能和健康等的总和。对研究型大学体育教师人力资源管理的最重要的途径就是对体育教师进行培训。培训不只反映出社会进步与发展对研究型大学教师的外在要求,更是体育教师谋求职业发展的内在需要。

二、人事行政管理理论内涵及其对本书的指导意义

(一)人事行政管理理论的内涵

人事管理起源于私人企业管理中,行政管理经过了劳工管理—雇佣管理—工业关系管理—人事行政管理的四个阶段。人事行政或人事管理是近二三十年来流行的术语。人事行政的目的,首先要使工作人员了解其所负的职责与所具有的权限;其次还要为其提供提高专业知识、技术、能力的进修机会,并视其在工作上的表现,认定是否已达到预定标准的要求,就此予以适当的考核,使能超越标准者,可得到适当的奖励,以及使升职、调动等的规定均符合有效运用人才的原则。再次,要发掘人的潜能,加以训练、培养,以满足积极工作的意愿。使个人在工作上都能满足其需要,乐业敬事,热心工作。在了解人类基础需要与工作动机的基础上,尽量做到合理公平的报酬,使员工免除因疾病、意外发生影响而损害其决定与计划,并使其在工作中有参与意见的机会,满足员工的表现欲与安全感,并使其有自我表现及向上发展的可能。人事行政管理理论应用在高校,是教育机构对教育行政干部、高校行政干部及高校教职员工的选拔任用、配备、考核、培训、调动、晋升、奖惩及福利事宜等的管理,它是教育行政工作的重要组成部分。教育人事行政管理最重要的依据是:学校是以教师为主体从事教育的机构。教育人事行政管理工作在整个管理工作中有着明显的特殊性。这种特殊性,主要是由其管理作用客体劳动的特殊性决定的。

1. 教师劳动的特点

现代管理理论,是在以人为管理对象的研究中发展起来的,学校人事行政管理的对象也是人,而且是学校教师,他们具有较高的觉悟和现代科学文化素养,担负着为国家培养人才和进行科学研究的任务。相对于一般管理活动的作用客体来说,学校教师的劳动具有以下特殊性:①劳动主体的高智能性;②劳动手段更新的迅速性;③劳动成效的滞后性;④劳动的群体性。

2.教育人事行政管理的特点

因为高校教师劳动中对劳动主体所要求的高智能性,所以必须研究如何在高校师资管理体制中加强选择机制和激励机制,即如何选择优秀人才来担任高校的教师工作。除通过适度合理的人才流动对师资队伍进行必要的淘汰更新,以保持师资队伍旺盛的学术活力,避免平庸和老化外,还必须研究如何在管理中高度体现尊重性原则和增强服务观念,尊重教师正当的权益和需要,尊重教师的独立个性和学术自由,以激发教师的工作积极性和创造精神。

高校教师的劳动手段更新的速度性和劳动效益的滞后性,决定了不能简单和生硬地搬用一般管理中为提高劳动效率而采取的一些做法,必须研究如何建立科学的、完善的评审、考核办法,以恰当地评价教师的工作成绩和妥善地做好教师职务聘任、晋升等工作;必须研究如何正确处理对教师的使用和提高教师素质之间的关系,处理好工作和个人学术进修的矛盾,既要保障学校整体工作的需要、努力提高学校工作效率,又要促进教师自身的不断提高,使他们在为学校事业做出贡献的同时,也不断拓宽个人学术发展的天地。

教师劳动的群体性,要求在教师管理中有明确的分工和紧密的配合。在评价教师工作时,不能只看教师一时一事的好坏,而要看教师长期工作的全部表现和实际效果。为了调动教师的积极性,应正确评价教师的作用,对有突出成绩的个人必须进行表彰。

师资管理的作用客体是教师,师资管理在一定程度上可以看成是对教师的管理。而教学管理、科研管理中也同样要涉及教师的劳动,那么师资管理研究与教学管理、科研管理研究有什么区别呢?这里需要辨析的是,师资管理和教学、科研管理活动的作用客体是事实上的相互联系和区别。

教学管理和科研管理主要是对教师劳动的管理,从广义上讲,也可以说是一种师资管理。但我们这里所讲的师资管理,是在学校内部管理分工基础上的、狭义的师资管理,它的作用客体和作用目的与教学、科研管理既有联系又有区别。教学管理的作用客体是教师和学生共同进行的教学活动,主要目的在于提高学生的认识水平;科研管理作用的客体是以教师为主体、有研究生参与的学校科研活动,主要目的在于获得科研成果;师资管理的作用客体是教师个体和由教师组成的各种群体活动,主要目的在于优化师资队伍,提高教师个体和群体的劳动效益。因而师资管理研究不像教学管理、科研管理那样只涉及教师活动的一个方面,而需要研究教师活动的各个方面。但师资管理又不像教学、科研管理需要对活动中发生关系的各个方面都进行研究，它主要研究教师这一方面。例如，对于教学活动，教学管理就需要研究教师的教学内容和方法等工作情况，以及学生在教学中对知识的掌握情况；而师资管理则主要研究教师在教学活动中表现的教学能力及这种能力的获得与发展。

（二）人事行政管理理论对本书的启示

学校要从整体上把握体育管理的运行规律，将管理系统中的诸要素有机整合，以实现学校的体育教育目标。学校体育的管理工作包括宏观上的行政管理、中观的学校管理和微观的体育院（部）管理，要求体育管理者科学、合理地确定人员编制，合理划分岗位职责、配备合适的人选，这都需要系统的管理制度作保障，如领导负责制、人员选聘制、岗位责任制等。总的来说，根据人事行政管理理论，提高学校体育管理的关键还是在管理好人。因此，必须运用各种手段激发体育教师的工作积极性、主动性。

三、教师专业发展理论及其指导意义

（一）教师专业发展理论内涵

"教师专业发展"是在国际教师教育研究领域最流行的概念，既涉及政府的教师管理，也涉及学校的教师队伍建设；既有群体动力学因素，也有个体自主选择的意愿；既是学术界研究的热点领域，又是实践中的现实对象。没有一个领域像教师专业发展这样全方位地触及学术、实践和政策领域。

教师专业发展（professional development）理论是依据教师自身发展规律，使教师在整个专业生涯中，依托专业组织，通过终身专业训练，习得教育专业知识技能，实现专业自主，表现专业道德，逐步提高自身从教素质，成为一个良好的教育从业者的专业成长过程。教师的专业发展首先强调教师作为一个教育教学的专业人员要经历一个由不成熟到相对成熟的专业人员发展历程。其次强调教师作为一个发展中的专业人员，其内在专业结构、专业素养不断更新、完善的一个动态的发展过程。这其中既包括知识的积累、技能的娴熟、能力的提高，也涵盖了态度的转变、情意的发展。

教师专业发展在世界教育发展潮流中成为一个不可或缺的组成部分，也是我国追求教育质量提高的需要。我国于1994年开始实施《中华人民共和国教师法》，其中规定："教师是履行教育教学职责的专业人员"，第一次从法律角度确认了教师的专业地位。1995年国务院颁布《教师资格条例》，2000年教育部颁布《〈教师资格条例〉实施办法》，教师资格制度在全国开始全面实施。2000年，我国出版第一部《中华人民共和国职业分类大典》，首次将我国职业归并为八大类，教师属于"专业技术人员"一类。从此，教师专业发展在我国得到全面关注与实施。教师专业化是指教师职业具有自己独特的职业要求和职业条件，有专门的培养制度和管理制度。教师专业发展是教师作为个体成长的过程。教师的专业化是教育这个特殊行业自身发展和社会发展的客观要求。教师专业化是当今世界教师教育发展的重要趋势，是教师教育发展到一定阶段的必然产物。教师的专业成长之路不应该随着师范教育的结束而结束，而应该伴随教师职业生涯始终。教师专业发展不仅是世界各国教育专家关注的焦点，也日益成为我国教育政策制定者和广大教师所关注的热点。

叶澜教授在她的《教师角色与教师发展新探》中提出，"教师专业发展是教师个体的、内在的专业性的提高""在本篇中，我们把教师专业发展理解为教师的专业成长或教师内在专业结构不断更新、演进和丰富的过程。"在整个教育的大系统中，教师作为精神文明的开拓者，始终承担着传播知识、创造知识、繁荣学术、弘扬科学的光荣使命。"教师现在是、将来也永远是任何教育制度的基本因素。"教师作为教育发展环节中重要的一环，其专业素质便显得尤为重要。当前，尽管教师的专业能力和水平有了很大的发展，但与医生、律师、工程师这些专业人员相比，教师的专业化程度仍相对不足，并且相应的其社会地位也未达到其他专业人员的水平，因此，一些教育界人士认为，当前教师职业正在由"半专业化"向"专业化"方向发展。"专业化"成为未来教师发展的努力方向。"教师的职业情感是决定教师能否促进学生人格健康发展，调动学生学习积极性与主动性的重要因素。其中，是否善于理解学生是判断教师情感成熟的重要标志。"

（二）教师专业发展理论的启示

教师专业发展理论强调了教师的综合素质培养与提高的发展过程和实施，这一过程中的配套制度与相关条件，是理工为主高校体育师资队伍管理者所要关注的。教师专业化发展是一个过程，它是教师内在专业结构不断更新、演进和丰富的过程；教师专业化发展是有目的的，它有助于教师在受学生爱戴、尊敬、支持的氛围中促进个人的专业成长；教师专业化发展还是一种成人教育发展，它加深教师对教育工作和教育活动的理解，关注教师对教育理论和教育实践的持续探究，关注教学工作在社会发展和个人生活中的意义。教师专业发展是一个漫长的、动态的、纵贯整个职业生涯的历程，其间既有高潮，也有低谷。作为教师自身，通过对教师专业发展阶段的了解，应对自己的教师生涯做规划，积极地回应变化与需求。

加强师资队伍建设，必须结合高校教师的劳动特点、遵循教师个体及整个群体的发展规律。本书作者重点了解和分析理工为主高校体育教师的工作特征，为理工为主学校体育师资队伍的管理和实践提供更有价值的理论指导和参考：一方面，理工为主高校体育师资队伍建设，需要明确自身的发展方向，构建中长期的发展规划；另一方面，为加强理工为主高校体育师资队伍建设，还需要积极创造条件，不断改善外部环境。理工为主高校体育师资队伍建设要以体育教师职业专业化为发展方向，依据体育教师职业专业化的原则和特征，造就与其相适应的良好的外部环境，创建完善的高校体育教师培养体系，提供多途径、多形式的在职进修，为体育教师进行科研创造条件，建立体育教师专业团体，制定严格的体育教师选拔和任用制度，提高体育教师的经济和社会地位，使体育师资队伍建设走上健康发展的轨道。

四、系统管理理论及其指导意义

（一）系统管理理论内涵

"系统"一词由来已久，最早在古希腊语中出现，是指事物中的共性部分和每一事物应占据的位置，也就是部分组成整体的意思。到了近代，一些哲学家常用"系统"表示复杂的具有一定结构的整体。《韦氏词典》中将"系统"定义为是由有规则的相互作用、相互依存的若干要素组成的集合。国外学者弗拉格认为，系统是相互作用的因素的完整结合体，这些因素相互协作，以完成某个预定功能。布伦丁格则指出系统是一种组织起来的有方向的并有某种程度的内部统一的东西，是一个有序的整体的结构和组织，明确地显示了各部分之间以及部分与整体之间的相互关系。还有学者提出系统是由彼此间存在着某种联系或可以建立起来某种关系的基本因素组成的一个有序的整体。随着现代科学技术的发展以及人类社会实践的积累，人们对系统概念的认识有了进一步发展，系统被赋予了更深刻的含义。有学者指出系统是指由相互联系和相互依赖的若干组成部分结合而成的具有特定功能的有机整体，每一个有机整体又是它所从属的一个更大的系统的组成部分。在自然界和人类社会中，一切事物都是以系统的形式存在的，任何事物都可以看作是一个系统。例如，生态系统、行政系统、教育系统、体育系统等。真正创立系统论的是美籍奥地利生物学家路德维希·冯·贝塔朗菲，1955年其著作的《一般系统论》在世界范围内产生了深远的影响，他指出所有的学科都具有的类似性包括三个方面：对整体或有机体的研究；有机体趋向于一种"稳定状态"，也就是取得平衡；所有系统都具有开放性，即有机体受它所处的环境影响，同时又对环境施加影响。一般系统论的观点对系统管理理论的形成起到了至关重要的作用，系统理论开始广泛地运用于组织管理实践中。

随着社会的发展，组织结构越来越复杂，管理所面临的外部环境也越来越多样化，管理者渴望有一种思想，引导自己的眼界再开阔些，思路再宏观些，克服管理中只见局部不见整体的局限，系统管理理论应运而生。它是在系统论和控制论的基础上建立和发展起来的一种管理理论。巴纳德首先用系统的观点来研究组织管理的问题，建立了社会系统理论，将组织作为一个由人们有意识地加以协调的各种活动的系统，即有意识地协调工厂机器等实物系统、人员构成、社会系统以及将三者相互联结起来的人的活动总体。为了提高组织效率，就需要从各种要素及其性质和它们之间相互作用的方式入手研究，进行组织系统优化。这一理论被学者们进一步完善和深化，从而形成系统管理理论学派。这一理论的代表人物是卡斯特（F.E.Kast）、罗森茨韦克（J.E.Rosenzweig）和约翰逊（R.A.Johnson）等美国管理学家，代表性著作有三人于1963年合著的《系统理论与管理》以及由卡斯特和罗森茨韦克两人合著的《组织与管理：系统与权变的方法》等。此后，系统管理理论曾经一度风靡管理学界。三人认为系统管理理论是将一般系统论应用到组织管理之中，运用系统研究的方法，全面分析和研究企业及其他组织的管理活动和管理过程，特别重视对组织结构和管理职能的分析，以系统解决管理问题的理论体系。

（二）系统管理理论的指导意义

系统管理理论强调将管理对象看作一个整体，如果把理工为主高校的"体育师资队伍"看作一个系统，那么理工为主高校体育师资队伍管理是一个由多个要素构成的系统，各个要素间既有区别、又有联系，如何将系统内各因素进行整合，发挥系统的最大优势，是实行人力资源管理的重要内容。对理工为主高校体育师资队伍的管理，就是将高校的体育师资队伍看成是一个整体系统，体育管理部门在机制体系制定中，综合考虑体育教师的自身特点及理工为主高校体育的中长期发展规划，通过对体育师资队伍管理的目标、执行及运作等方面的系统分析，不断地改善体育系统结构和程序安排，从体育师资发展的整体出发进行系统地控制与管理。体育师资队伍建设过程需要各个组成要素的有机结合，虽然各个组成要素是独立存在的，但在整个体育师资队伍建设中又环环相扣，互相制约，是不可分割的统一体，为了使各个组成要素协调发挥作用，需要将体育教师的聘任机制、培训开发机制、绩效评估机制、竞争激励机制、监督机制以及评价机制串联起来进行总体规划，从系统的角度去认识体育师资发展的规律，调节体育师资队伍发展中的不协调因素，促进体育师资队伍向着健康、快速的方向发展。

第三章　我国高校体育师资队伍建设与管理发展历程

伴随着社会的进步和体育事业的不断发展，人们对体育的认识提升到了新的历史高度，尤其是在"十三五"的开局之年——2016年，中共中央和国务院于10月25日颁发了《"健康中国2030"规划纲要》。由狭义的对体育概念的理解上升到广义的对体育使命的追求——就是增强体质、健康人生。体育教育的发展，始终离不开高校体育师资力量的发展，体育师资队伍建设、体育教师的专业发展、体育教师的各种培训等日益引起人们的关注。体育教师队伍的发展是促进体育事业发展的原动力，体育师资队伍的建设与管理情况同样关系到体育事业的发展，关系到人民身体健康状况。历史的回顾帮助我们触及事物发展的原始状态，触及事物的本性及事物的发展规律。因此，本章回顾了我国体育师资队伍建设与管理的发展历程，从中发现体育师资队伍建设与管理中的不足，凸显加强体育师资队伍建设与管理的紧迫性。以史为鉴，以紧迫性为出发点，以时间发展为主线，紧跟时代步伐，全面促进体育师资队伍建设健康、快速发展。

第一节　我国体育师资队伍的发展阶段

一、改革前体育师资队伍建设与管理的起步阶段（1949—1965年）

中华人民共和国的建立，为体育人才的培养开辟了广阔的前景。1949年新中国成立时，我国仅有205所高等学校，其中专任教师只有16059人。全国的体育教师和在校学生只有282人；1951年年底在校学生增加了694人，比1949年增加了两倍多；在1952年以后，随着经济的恢复和发展，高校院系也进行了调整，这段时期教育部也颁布了《高等学校教师进修暂行办法》，规定了教师的进修方式和培训形式，主要是随教研室（组）学习和参加短期讲习班，并选派教师到好的学校培训学习。此时体育事业也得到了调整和发展，国家分别在北京、上海、武汉、西安、成都和沈阳成立了体育学院，同时调整了其他综合性大学体育系的管理。1959年教育部颁布了《关于加强高等学校教师进修工作的通知》，从战略高度进一步明确组织教师进修的目的：第一是为了培养新建学校（新设专业）的教师能够讲授某门课程；第二是为了使已有一定教学经验的教师能够有重点地研究某种专业的某些专门问题，以提高教学质量。该文件的实施对于体育教师的进修和教学质量的提高奠定了坚实的基础。1960年《关于全国重点高等学校暂行管理办法》的颁布对于全国重点高校培养研究生和接收进修教师提供了有利条件，我国的体育师资队伍也确立了最初的规模，培养了一大批体育师资。在短短的十几年里，我国建立了有一定规模和水平的大学、中学和小学体育师资队伍。根据1965年的教师统计来看，高校体育教师人数达到5279人，占全国高校教师的3.8%。在这一阶段一大批中青年体育教师成长起来，为当时体育师资队伍建设发挥了重要的作用。新中国成立后，我国学校体育的管理工作也迈入了崭新的阶段。第一，国家成立了学校体育工作的行政管理部门，教育部设立体育处，各地方教育行政部门也设立了相对应的管理机构，建立了全国性的学校体育管理组织系统。此外，各级体委对学校体育工作负有指导、配合和监督的职责。第二，制定了一系列的管理法规和制度，以规范和指导学校体育工作的开展。如1952年颁布的《各级各类学校教育计划》，1956年制定的《师范学校体育教学大纲（草案）》和《高等学校普通体育课教学大纲》，1964年在学校开始推行"青少年体育锻炼标准"。第三，学校体育教育的基本管理模式形成，即"两课、两操、两活动"制度，每周两节体育课，每天坚持早操和课间操（包括眼保健操），每周安排两次课外体育活动。

随着新中国教育、体育各项事业的发展，迫切需要培养体育教师和其他体育人才，因此，在学科设置上，除设置少数四年制本科外，主要开办二年制专科。同时吸取老解放区培养干部的传统经验，开办体育干部培训班。体育院系的教学计划、教学大纲、教材、教学方法及教研室的建立等，主要是依靠苏联体育学院的经验。1954年聘请了一批苏联专家来我国任教，先后在中央体育学院（现北京体育大学）、华东体育学院建立研究生班，培养体育理论、运动生理学、田径运动各门学科教师，为体院教师队伍的建设打下了基础。1957年北京体育学院（现北京体育大学）增设了运动系，专门培养专项教师和专项教练员。之后，其他体育学院也陆续增设了运动系。此外，在本科教学的基础上，1954年我国开始了体育专业的研究生教育，截至1959年10月，北京体育学院和上海体育学院两所高校已经培养体育理论、运动生理、人体解剖、田径、体操、足球、篮球、排球等研究生200多名。由于国家对体育和体育专业的重视，我国在不长的时间内就基本建成了从中专、大专到本科、研究生的多层次学制形式，为国家教师队伍的建设和发展奠定了基石。那时的学生后来多成为国内外知名学者和学科带头人，至今还发挥着不可替代的巨大作用。

二、改革后高校体育师资队伍建设与管理调整深化发展阶段（1977年至今）

（一）高校体育师资队伍建设恢复调整阶段（1977—1986年）

1976年之后，全国高校教师的职称晋升和数量等问题开始得到解决。中国的体育师资队伍建设又有了新的发展，逐渐进入了规范化和制度化建设。1978年，教育部、国家体委和卫生部下达《关于加强学校体育卫生工作的通知》，1979年的《全国学校体育、卫生工作经验交流会纪要》和1983年教育部发出的《全国学校体育卫生工作》的通知都把全国的体育教师师资队伍建设作为一项重要的工作，并将其不断地优化和发展。体育学院的数量在不断增加，从开始的7所发展到11所；体育学院的师资队伍也逐步壮大。从1985年统计的数字来看，体育教师的数量相比1975年增加了16倍，同时在1977—1986年期间，体育学院有27104人毕业，年均毕业人数为2710人。在这一阶段，教育部也颁布了《全国重点高等学校接受进修教师工作暂行办法》和《高等学校举办助教进修班的暂行规定》，对于教师的进修培训和队伍的壮大起到了重要的指导作用，也为后面体育教师师资队伍建设和发展提供了有利的条件。

学校体育全面改革发展阶段主要以1979年教育部等4部委联合召开的扬州会议为主要标志，会议提出了一整套学校体育改革的重大措施，使学校体育在改革开放初期就有了良好的开端，为改革、探索做了准备，明确提出学校体育工作应以增强学生体质为主的指导思想的同时，也提出了"主体教学""竞技体育""技能体育""快乐体育""全面发展"等观点，理论争鸣呈现出多元化的良好态势；1985年5月党中央、国务院召开全国教育工作会议并做出《中共中央关于教育体制改革的决定》；1986年7月全国人大颁布并实施《中华人民共和国义务教育法》，具有里程碑式的意义。这一时期学校对体育在教育思想、教育内容、教育方法、管理体制等方面进行了全面的改革，学校体育进入了一个发展与提高的新阶段。在这一阶段，体育教师师资队伍建设得到了迅猛的发展。1985年，颁布了《中共中央关于教育体制改革的决定》，使我国高校教师队伍建设进入了一个新的改革发展阶段。教师的培训和培养有了进一步发展，教师职称、学历、数量等都有了很大的进步，这时的国内培养和国外留学成为教师师资队伍建设发展的新型要素。在这段时期，《进一步发展体育运动的通知》和《关于加强中小学体育师资队伍建设的意见》的颁布，对于学校体育工作和体育师资队伍的数量和质量等都提出了更高的要求，力图建立合格稳定的体育师资队伍。在这一创新发展阶段，高校的体育教师人才培养也有了很大的进步。本科生、硕士研究生和博士研究生都在体育师资建设方面发挥了重要的作用，对于人才培养和教师学历的要求越来越高，使得体育师资建设的质量越来越高。

1977年，我国全面恢复高考以后，体育教育专业重新纳入本科教育的培养轨道，1978年，我国研究生教育得以恢复。1982年，国家首次开展了"全国千名优秀体育教师评选活动"，并在人民大会堂举行了总结表彰发奖大会，产生了非常好的效果。1985年，我国体育院校研究生招生达到119人，同年我国还建立了首批学位授予单位和授予点，标志着我国体育学硕士、博士研究生培养体系的建立。1986年2月国家教育委员会发布了《关于加强中小学体育师资队伍建设的意见》，提出加强中小学体育师资队伍建设的重要性和迫切性、学校体育的任务和培养体育师资的要求、加速培养中小学体育新师资的系列解决措施。国家教委体育司1986年10月印发《高师体育专业教学计划试点改革方案》，使得体育专业教育改革逐步步入正轨，为今后体育专业的发展奠定了基础。此阶段，国家以及各省市将体育师资的培养和提高纳入工作日程，把函授列入正式学制，举办了多期短训班、助教班、岗前培训班、单科进修班、教学研究班等多渠道、多层次、多形式的职后培训，体育教师的社会地位逐步得到了改善，体育教师的培养、培训和研究生培养进入了恢复和全面发展、逐步规范和合理化的阶段。

（二）高校体育师资队伍建设深化发展阶段（1987—2000年）

在发展创新时期，我国运动员参加了各届奥运会，竞技体育的发展带动了大众体育和学校体育的发展。各高校为国家培养了高层次的体育教师和运动人才，对于体育的各个专业的发展也提供了发展路径。在这一时期，国家领导人特别重视体育的发展，对于体育教育、体育产业等抱有很高的期望，高校的师资队伍建设在这一时期的工作重点是对教师的高水平教学训练、教师的科研水平、教师的健康引领等进行管理和发展，努力使体育在全国的体质健康、产业发展和科学研究等方向贡献力量。

1990年以后，各地、各专业点的改革呈现多样化的趋势，体育教育专业学生的文化成绩有了比较明显的提高，体育师资队伍的数量和质量也有了较大的提高，培养和培训体育师资工作的重点开始转向提高体育专业毕业生和在职体育教师的素质，即从基础性培训和学历补偿教育逐步转变为着眼于更新知识、全面提高教师素质的继续教育。为此，教育部采取了一系列深化本专科体育专业和教学改革措施。以1992年10月党的十四大召开为标志，中国进入了建立社会主义市场经济体制的新阶段。教育改革、发展也进入了一个新的时期。1997年2月，国家教委制定的《全国普通高等学校体育教育专业本科专业课程方案》试行，迈出了培养新型体育教师的第一步；通过举办全国体育教育专业基本功大赛，突出了体育教师和师资队伍建设的特色；1997年国务院学位委员会和国家教育委员会颁布了《授予博士、硕士学位和培养研究生的学科、专业目录》，加速了体育学博士和硕士的培养进程。同时，改进培训与进修学习，主要体现在学历进修、教师全员培训、开展教学研究、举办学术研究会、开展教学评估、体育教研员培训、提高青年体育教师教学基本技能竞赛等方面，把观摩、学习、检查、交流、研讨结合起来，加强骨干教师队伍的建设。

（三）高校体育师资队伍建设与管理全面推进阶段（2001年至今）

面对21世纪体育教育人才的要求和市场竞争的挑战，体育教育专业师资以培养体育教师为本、辐射其他体育相关领域。教育部于2003年颁布了新的《普通高等学校体育教育专业课程方案》，为培养"厚基础、宽口径、广适应、强能力、高素质、重创新"的复合型体育教育人才奠定坚实的基础。2005年4月，教育部颁布了《关于进一步加强高等学校体育工作的意见》（教体艺〔2005〕4号），促使体育师资的培养更加科学、规范。高等学校体育领域出现了高级访问学者、高级研讨班、学科带头人高级研修班、教授学术班等高级职后培训形式。中小学体育教师在组织学历进修的同时，开展了体育师资系列培养计划和培训行动："跨世纪园丁工程"；2008年，西部中小学骨干体育教师国家级培训计划、中西部农村义务教育学校体育教师远程培训计划、各类体育科学大会或学术研讨会、全国中小学体育教学观摩展示活动等，为优秀体育教师和体育工作者搭设了发展平台，培养了一大批优秀骨干教师。此阶段，体育学科结构和高层次人才培养的重心从培养知识型、学术型人才为主向培养技能型、应用型人才为主转变；体育师资培养向中西部和农村地区倾斜，充分利用远程教育手段实现更大范围教师培训优质资源共享，具有实效性强、专业化突出的显著特点。

2006年12月，教育部和国家体育总局联合下发《关于进一步加强学校体育工作切实提高学生健康素质的意见》（教体艺［2006］5号）；教育部、国家体育总局、共青团中央颁布了《关于开展全国亿万学生阳光体育运动的通知》（教体艺［2006］6号）。2007年，总局和国家发改委、财政部共同制定下发了《"十一五"农民体育健身工程建设规划》（体群字［2007］74号），投入资金1.8亿元，在中西部9277个行政村建设农民体育健身工程。截至2007年年底，中央投入资金2.8亿元，共建设"农民体育健身工程"15000多个。

随着《全民健身计划（2021—2025年）》（国发［2021］11号）《"十四五"体育发展规划（体发［2021］2号）》的颁布，党中央高度关注体育的发展，提出了壮大体育人才队伍，充分发挥高等院校的优势，加强体育特色专业和重点学科建设，支持高等院校与运动项目协会协同创新、共同发展的要求。我们要创建体育院校创新创业服务平台，深化体育院校竞赛改革和创新，协调做好体育高等职业教育和继续教育。坚持人才优先发展，优化体育人才成长环境，完善体育人才培养开发、选拔任用、流动配置、激励保障机制。充分发挥北京体育大学、国家教练员学院、国家体育总局干部培训中心等机构的作用，加强教练员岗位培训工作，提高竞技体育人才队伍质量，提升全民健身体育人才服务水平，扩大体育产业人才规模，形成一支德才兼备、结构合理、能力突出、业绩显著的骨干人才队伍。特别是全国卫生与健康大会的召开，体现出体育在全面建设小康社会、实现"两个一百年"奋斗目标、实现健康中国梦等方面具有独特的功能和价值。

第二节　我国高校体育师资队伍建设发展特征

对体育师资发展特征的理解，对于准确领会和科学把握国家的发展目标和性质、进一步坚定继续改革的信心和体育师资队伍建设与管理有着十分重要的意义。

一、改革前起步阶段高校体育师资建设与管理的特征

这一时期，中国现代体育的指导思想、管理体制、竞赛体制、训练体制、保障体制等开始形成，为中国体育20世纪80年代后的大发展打下了基础。

1949—1956年，确立了社会主义体育的方针和任务，在推广解放区体育和学习苏联体育经验基础上，开始形成新中国体育管理体制与基本发展模式。这一时期，中国体育发展的背景是新中国成立后进入和平建设时期和大规模社会主义改造。

1957—1965年，群众体育热情空前高涨，各地群众体育活动蓬勃开展。竞技体育则围绕提高运动水平，在国际国内赛场上夺取优异成绩展开，形成了以国家体委到全国各地各级体委为主体的管理体制，以县级业余体校、省级体工队和国家集训队为架构的三级训练体制，以及以"全运会"为中心的国内竞赛体制。与此同时，学校体育管理逐渐规范，有中国特色的举国体制初步形成，初步建立了系统的体育管理体系。对于我国体育管理的发展而言，举国体制的形成具有举足轻重的地位。举国体制建立了我国体育管理的基本体系，在管理机构设置、管理权限划分以及运行机制等方面形成了管理系统，为我国体育的发展进步奠定了坚实的管理基础。这一时期，我国高校体育管理也繁荣发展。

另外，对中国体育发展影响深远的一些思想与口号也在这一时期形成，如"普及与提高相结合""国内练兵，一致对外""三从一大"等。1971年，在第31届世界乒乓球锦标赛上，中国利用著名的"乒乓外交"打破了中美关系的坚冰。体育在这一特殊时期扮演了中国对外交流的重要角色。1976年10月之后，体育管理体制、训练体制、竞赛体制和保障体制开始重新建立起来。

二、改革后调整与深化发展阶段高校体育师资建设与管理的特征

中国于1977年恢复高考，各大体育院系纷纷开始招收体育教育专业的学生，体育教师的培养开始逐渐步入正轨。1978年，高校体育师资队伍建设又有了新的发展，逐渐进入规范化和制度化阶段。国家教育部、国家体委和卫生部都将高校体育师资队伍建设作为一项重要工作。1979年，国家教委、国家体委等联合召开了全国学校体育工作会议，会议指明了学校体育要以增强学生体质为主的指导思想。10月份，国家教委与国家体委联合颁布了《高等学校体育工作暂行规定》[（79）教体字020号（79）体群字45号]，规范了学校体育工作，使学校体育管

理有章可循、有法可依。共青团中央在扬州联合召开的学校体育卫生工作经验交流会议，确立了学校体育工作的地位，强调要建设一支"又红又专"的体育教师队伍，各大体育院系要大力培养高素质的体育师资，这可以看作是1976年之后学校体育工作发展的又一里程碑。此外，20世纪八九十年代以来，一系列的学校体育法规制度颁布实施，为学校体育管理的规范化、制度化打下了坚实的基础，提升了学校体育管理的水平。

1979—2000年是我国体育管理的发展时期。体育市场化转型，各项社会事业飞速发展。在此背景下，高校体育管理也呈现规范化发展，社会体育全面开放，体育产业方兴未艾，有中国特色的体育管理体制基本形成。此时，我国体育管理呈现出以下特点：国家教育部等从战略高度管理体育师资队伍发展；高校体育管理的发展体现出适应性，高校体育管理的发展趋向于科学化。

三、高校体育师资建设与管理全面推进阶段的特征

随着社会对体育人才需求增大，高校体育师资队伍发展进入新的发展机遇期，强化对体育教师的素质要求。在1999年颁布的《关于深化教育改革全面推进素质教育的决定》的思想指导下，国家对体育教师的素质要求发生了很大变化，要求体育教师由课程执行者转向决策者，由课程传授者转向指导者，由学生管理者转向组织者，由教学仲裁者转向促进者，由教书匠转向研究型教师，由单一体育教师转向复合型体育人才。由此可见，国家强调体育教师对课程改革的适应，强调体育教师的综合素质和掌握全面知识的能力，尤其强调对运动技术的体育教学能力。

对改革开放以来我国高校体育发展的历史进行梳理和阐述，将为我国高校体育发展提供历史经验和借鉴。通过对改革开放40多年来我国高校体育发展的历史背景进行系统地梳理和提炼，发现我国高校体育发展大致可分为三个阶段：第一个阶段为初步探索阶段（1949—1976年）；第二个阶段为改革的发展阶段（1977—2000年），这一时期以1990年国家教委颁布的《农村教育综合改革实验县贯彻〈学校体育工作条例〉和〈学校卫生工作条例〉的意见》（教体［1990］017号）通知为起点；第三个阶段（2001年至今）为改革的深入与全面推进阶段。这一时期以2001年国务院颁布的《关于基础教育改革与发展的决定》（国发［2021］21号）为起点。本章试图从三个阶段揭示我国高校体育师资队伍建设与管理发展的历史变迁过程，并从中汲取经验。具体而言，从高校体育师资建设与

基于案例分析的理工为主高校体育师资队伍管理问题及对策研究

管理发展来看,新中国成立以来对体育教师素质的要求有所差异,且与时代背景密切相关。从早期高校体育师资队伍建设起步期,注重教师数量的增长,之后受苏联影响全面注重对专项运动技术的习得,到改革开放之后,尤其是课程改革和教师教育标准化时期,逐渐强调综合素质的提升。同时也发现,现阶段体育师资队伍建设存在诸多问题。首先体育师资队伍应该结构合理,建立人性化管理的长效机制;其次应该建立强大的科研团队,拓宽科研渠道,研究方向多样化,为教师科研提供平台;再次应加强体育教师的思想建设教育和培训,引进高层次人才,鼓励教师国内外交流学习;最后要完善体育教师评价体系,激发师资队伍的内在动力,建立长久的激励机制和竞争机制。此中细节问题亟待探讨。

第四章　理工为主高校体育师资管理的实证调研

对理工为主高校体育师资队伍进行研究，需要对理工为主高校体育师资队伍的特征与属性进行准确把握，并对理工为主高校体育教师人力资源的管理现状进行分析。以此为基础，了解理工为主高校体育教师人力资源管理的整体状况，并找出存在的问题。为了充分了解理工为主高校体育师资队伍管理中的实际情况，本书选择具有代表性的理工为主高校的体育师资管理者及体育教师个体作为研究对象，对体育师资队伍建设中存在的问题进行实证调研。本书主要通过问卷法、访谈法、个案研究法采集到需要的相关数据与资料。在真实资料的基础上总结、归纳相关信息。

第一节　理工为主高校体育师资队伍现状的实证调研设计

一、调研目的

调研的主要目的是希望了解目前我国理工为主高校体育教师对体育师资管理的基本认识；体育师资队伍是如何面对和经历改革的；教师希望体育师资队伍如何发展；对于目前队伍建设中的不足是如何应对的；对于自己的教学及科研工作又是如何解释和评价的，在现阶段，这些都是复杂问题。调研分为问卷调查、访谈调查与个案分析三部分。

二、调研对象的选取

各高校因为类型、规模、传统等方面的差异，对学校体育工作的定位、要求等方面有所区别。高校应当从自身的实际出发，在体育师资队伍结构建设、体育学科定位、发展目标等方面避免简单攀比，在保证普通大学生体育课程质量的基础上，积极主动地做好其他各项工作。

基于以上考虑，本书首先将调研对象确定为我国高校的体育教师及体育相关工作者；其次随着对访谈资料的不断归纳、分析，强关系和弱关系这两个中心范畴在访谈资料中逐渐浮现和形成，作者不断地调整访谈提纲，缩小调研对象的范围，针对已经归纳、分析出来的主要问题，缩小访谈问题的范围，聚焦访谈的中心问题。最后，通过区别抽样，将调研对象进一步缩小为与研究主题高度相关的理工为主高校的体育教师及体育管理工作者。

三、问卷设计及实施

（一）问卷的设计说明

为了设计出符合理工为主高校体育师资队伍建设实际情况的问卷，作者查阅了国内外相关文献，并在正式进行问卷编制之前，通过与部分调研对象进行深入交流，了解了体育教师们对目前体育师资队伍状况的整体看法及内心感受。并且，进行了问卷的预先发放与分析，在参考了相关理论和相关研究成果的基础上，主要依据人力资源管理理论进行了问卷设计，结合理工为主高校体育师资队伍的实际情况，编制了《基于案例分析的理工为主高校体育师资队伍管理问题及对策研究》调研问卷。为掌握理工为主高校体育师资队伍建设的实际情况提供了第一手资料，保证了研究的真实性。

（二）问卷的结构

作者主要从基本信息、教学及科研情况和综合情况几个方面进行调研。这几个方面主要涵盖了体育师资队伍的年龄结构、学历结构、学缘结构、职称结构、专业、教学工作量、科研工作量、计算机及外语能力、工资待遇、岗位进修、工作环境的满意度及工作压力等多个方面共33个问题，通过对问卷题目的细化、优化使体育教师在回答问卷时能够更加轻松、顺畅。问卷题目以"基本信息""教学及科研情况""综合情况"为主，辅以少量"开放式"问题供有想法的教师表达意愿。问卷的题目尽量突出现实化、生活化。

（三）抽样方案及问卷的发放与回收

调研前，向被调研者进行了简明扼要的说明，在实际调研过程中，要求被调研者独立填写。需要特别说明的是，在调研过程中，不可避免地会遇到少部分被调研者对问卷内容漏选、多选或拒选，以及明显地随意勾选，为保证问卷的有效性和真实性，对回收问卷进行了甄别处理，剔除了部分无效问卷。本次调研共发放问卷100份，收回有效问卷83份，回收率为83%。本书所使用的数据除特别说明外，均为本次调研统计的结果。

通过对有效问卷进行整理，实发问卷及回收情况见表4-1-1。

表 4-1-1　实发问卷及回收情况

问卷发放学校	西安电子科技大学	华东理工大学	东北大学
发放	30	40	30
收回	20	33	30
回收率 /%	66.7	82.5	100

四、访谈方案及开展

在质性研究中，研究设计关系到调研数据的收集质量和访谈信息的准确性。因此，作者特意花了很多篇幅阐述本书中问题的提出、研究方法的选择、研究方法的特点、研究设计的过程（包括样本的选择、数据搜集的方法、数据分析的流程以及理论建构的过程，尽可能使读者有一种亲自参与的感觉）。

（一）访谈方法的选择

采用访谈方法进行质性分析，与本书的问题密切相关。质性研究对访谈对象看问题的视角十分重视，着重从微观层面在自然情景下对个别事物进行详细、动态地描述与分析，然后对谈到的事情从"质"上得到一个比较全面的解释和理解。根据这个特点，在进行具体访谈时，访谈对象偶然的看似与主题无关的一句话都可能具有重要的收集价值，借此促使作者进行更深入地探究，以期挖掘和发现隐藏在表面差异背后的重要信息，从而更深入细致地再现其具体的研究细节、复杂的内心世界及其所处的生活环境。从体育教师的角度来了解他们对体育师资队伍现状及对现行的管理制度、体制的解读，从而可以对当前理工为主高校体育师资队伍建设和管理问题进行深入探讨。这对于本书的研究具有至关重要的作用。

（二）访谈的准备工作

访谈的准备工作包括确定参与研究的高校，确定被访者和样本容量，拟定访谈提纲等。在正式访谈之前，笔者先进行了预访谈，基于预访谈的结果，测试和完善了访谈提纲。

1.确定访谈对象

作者按照地域的分布选取了3所理工为主高校作为访谈个案，其中东北1所、华东1所、西北1所。3所高校都是理工为主的综合型高校，为东北大学、华东理工大学、西安电子科技大学。

2.风险规避

因为每个研究都存在一定的风险，如何规避这些风险是研究者所必须考虑的问题。本书确定将理工为主高校的体育教师作为研究对象，采用半开放式的访谈方法，访谈时间大约需要半个小时左右，因分析数据需要，还可能要有1~2次深入访谈及回访。作者认为这是最大的风险：即数据搜集阶段能否对研究对象进行深度访谈？如果不能选择到理想的、典型的样本，不能接触到主要的当事者进行深入调研，也就无法获得详细的数据和资料，更不要说从数据中提炼出概念，形成结论。在资料分析策略方面，主要偏向于分析体育师资队伍现状及产生原因的影响因素，对研究者的归纳总结能力及对管理政策及制度的解读能力都提出了新的要求。

为了规避这些风险，确保研究顺利进行，作者特地选择由自己朋友介绍的理工为主高校的体育教师作为自己的研究对象，一是理工为主高校作为新中国成立后的重点发展的特色学校，具有一定的代表性，符合质性研究关于典型样本选择的标准；二是作者具有从事体育教学的工作经验，对体育师资建设情况相对熟悉，在访谈过程中能尽快融入谈话情景，便于与访谈对象进行沟通交流，使访谈对象能够畅所欲言，便于作者在后期的研究中进行密切跟踪，有利于对研究中的问题进一步展开调研。这些都为作者能够顺利开展深度访谈工作提供了有利条件，避免了不必要的风险。总之，为了确保研究工作能够获得预期成果，在研究对象的选取及研究风险的规避方面，研究者事先都有充分的心理准备和相应的应对策略。

3.被访谈者个体选择

本书在确定研究对象时，采用"目的性抽样"，为了收集研究问题所需的丰富且有价值的信息，作者从众多对象中选择具有典型代表性的样本作为访谈对象，确定要访谈的个体，并通过半结构式的深度访谈来收集数据（表4-1-2）。

表4-1-2 拟定访谈对象

序号	访谈对象所处院校	时间	方式	地域	职称
1	东北大学	2015年12月	面谈	东北	讲师
2	东北大学	2016年12月	面谈	东北	教授
3	西安电子科技大学	2015年12月	电话访谈	西北	副教授
4	华东理工大学	2015年12月	电话访谈	华东	副教授

4.访谈问题的确定

通过对文献和现实情况的不断比较，作者发现，现有成果中非常缺乏对理工为主高校体育师资队伍的实证调研，而基于西方实践的研究成果又无法很好地解释中国情境下的问题，这些发现和思考使作者逐步确定了初始研究问题的视角——对理工为主高校体育师资队伍现状进行实证调研。理工为主高校的平台上，体育师资队伍建设是什么样的情况？它是如何建设发展的？在现代的知识社会背景下，理工为主高校体育师资队伍建设存在哪些优势与不足？随着研究的深入，研究的问题也在不断地发展和具体化。

5.拟定访谈提纲

访谈的目的在于收集被访者对体育师资队伍建设的现状及存在问题的认识，以及他们对这些问题的理解及策略选择。作者把访谈设计成半结构式和开放式的，这样就能运用质性研究法收集记录这些细节。对于影响师资队伍建设的关键问题，访谈提纲也进行了说明。针对体育教师和体育教育的管理者，在每一条主题下面都分别列出了一些访谈问题。在访谈中，作者采用标注的形式来做一些简单的笔记，尽管访谈有录音，但这些简单的笔记可以对不同的访谈做一些初步的分析，识别任何出现的趋势，或者提醒应该注意的问题，以及记录当时受访者的表情等。随着新信息和新见解的出现不断地做出调整，从而修改研究数据。因此作者在预访谈阶段也在不断地调整访谈提纲，以便在正式收集数据的时候，可以与被访谈者形成更好的互动效果，从而更好地达到研究目标。

6. 访谈预研究

2015年12月，作者面谈了3名体育教师，2名体育教育管理者，具体情况见表4-1-3。预访谈的目的是检验访谈的问题和方案是否恰当，同时检验访谈进程对于收集目标数据的效力。

表 4-1-3　预访谈样本

被访者样本	样本规模	被访者单位
体育教师	3	东北大学、西安电子科技大学、华东理工大学
体育教育管理者	2	东北大学、西安电子科技大学
总人数	5	—

7. 修改访谈提纲

根据预访谈的反馈结果，作者完善了访谈提纲中的问题，主要体现在访谈的提问方式上。在预访谈中出现了两个问题：首先，因为访谈经验不足，在实际的访谈中，存在因追问不够而增加了访谈量的问题；其次，作者把与研究主题相关的能想到的问题都尽可能地呈现在访谈提纲中，问题不够凝练，在实际访谈中存在问题重复等现象。鉴于在预访谈中很难发现深层次的问题，作者在正式访谈中弱化了出现的一些概念，通过选择一些比较生活化的问题，将重要学术概念进行包装，隐性融入访谈问题中，这样被访者就不会因话题的敏感而有所顾忌，尽量做到畅所欲言。本书的落脚点是放在"体育师资队伍建设"上的，寻找影响"师资队伍建设"的因素，也集中体现了本书的研究目的，承载着本书的价值与追问。因此，访谈不应该带有"先见和预设"，更不应该为了直中研究主旨而打断访谈对象的思路。此外，在访谈中，应当提示被访者尽可能地减少反思，详细地描述他们亲身的经历。事实证明，这种方式在后续的正式访谈中达到了很好的效果。

8. 样本容量

质性研究的样本容量要根据研究的目的来确定，包括研究的对象、有用信息以及在有限时间和条件下的可行性。要根据饱和水平确定访谈的数量，有专家学者描述了达到饱和水平的特点：一是访谈中收集的新的或相关的数据不断减少；二是一个类别的维度和内容得到了不错的拓展；三是类别间的关系已经形成并确定。因此，质性研究旨在区分和描述经验和观点的类别，不需要那么大的样本容量，前人的质性研究的样本容量均从8到20人不等。

(三)研究的信度与效度

对于研究人员来说,信度和效度是质性研究中的一个持续存在并需要详细阐述清楚的问题。有的研究者在呈现研究成果时对方法论的选择以及研究方法的设计部分介绍得很少,对分析方法的流程以及如何应用质性研究做研究的过程叙述得过于简单,使读者认为其研究成果缺乏可信性。因此,正确解读质性数据,对于保证质性研究的信度和效度非常重要。评估数据解读的准确性的一个普遍方法是,让其他人(包括被访者)协助检查数据及研究发现,然后评估不同解读是否一致。

1.研究的信度

质性研究最根本的问题在于可信赖的程度:研究人员如何说服读者,让他们相信其所做的研究是有意义的、值得关注的。通常通过可信性、迁移性、可靠性和验证性四项指标来辅助质性研究人员验证研究发现的可信赖度。

(1)可信性与迁移性。有专家学者提出用同行审视和参与者检验两种方法来提高研究的可信性。作者与老师就研究方法、数据、理论视角和研究发现进行了多次探讨,对于加强研究的整体可信性起到了重要的作用,同时本书也部分地阐述了对研究问题的分析和解读。在参与者检验方面,本书在不断的数据收集和数据分析的比对过程中,就作者的解读和见解与被访者进行了多次讨论,通过这一过程,大量数据和分析得到了验证。作者在研究过程中积累了大量的体育教师和体育管理者所使用的语音素材,以提高研究的迁移性。由于理论视角的选择或时间空间取向上的差异,不同研究人员对于数据的解读方式是不一样的,研究人员对于某一复杂社会现象的解读越多,社会知识就越丰富,也就越容易与高校体育教育管理者产生共鸣。

(2)可靠性与验证性。对研究过程进行持续严格地审核,可以检验研究的可靠性和验证性。首先,本书作者在研究过程中采用了反思性日记,日记包含已完成的工作、研究的过程、被访者的经历等。反思性日记可以对研究所获得的数据进行补充,如在整合个人陈述,记录体育教师对体育教学、科研经历及个人对体育师资队伍建设的建议时,可以发现这些经历对体育教师观点的影响,通过记录研究过程中的想法和观点,可以对研究中的理解不断地进行比较,之后再从整体上进行检查。其次,作者对研究中的每一步均做了明确标注,这样读者可以判断文本的可信度或真实性,同时可以对研究发现进行核实。本书的研究审核中也包含了一些反思性的描述,包括产生的数据、文献的范围、文献的位置、自我的立场、社会环境等。读者可以轻松地游走于被访者和研究者之间，进而可以判断文本的可信度和真实性。

2.研究的效度

对所有的研究来说，效度都是一个重要的因素。效度可以帮助研究人员在分析数据的过程中保持研究的真实性。如果质性研究充分基于现实，充分验证，有严格的理论基础，是全面的，同时获得被访者的认可，有逻辑并真实地反映了所要研究的现象，从建构主义视角来说该研究就具有效度。本书对于所要研究的现象，囊括了所有亲身体验的人的观点和问题，通过对体育教师和体育教育管理者深度访谈获取信息，充分验证数据，基于对体育师资队伍建设现状、体育师资队伍管理和体育师资队伍发展趋势的调查，涵盖了师资队伍建设的全部过程，充分获得了受访者的认可，且研究的过程具有连贯性，真实地反映了所要研究的现象，因此，本书的研究符合质性研究效度要求。

（四）访谈资料的收集

根据半结构式访谈的时间要求，作者拟定访谈提纲时间为半个小时左右，具体时间长短依据被访者要表达的内容的多少而定。访谈开始前，作者会确认所有被访者都是自愿参与本项研究，同时征得每一位被访者对本次访谈录音的许可，并向他们承诺了作者会做保密和匿名方面的工作，消除被访谈对象的戒备心理，以便于收集到真实的研究需要信息。在访谈中，作者用到了预访谈修改后的访谈提纲，以确保访谈涵盖所有的问题，还重点准备了笔记本，对被访谈对象谈话的细节情节进行捕捉。正式访谈为被访者创造了良好的访谈氛围，尊重被访者，调动其主要的观点表达兴趣，让他们感知到自己观点的重要性和价值所在。

本书运用阐释性和互动性的方法，旨在探究理工为主高校体育教师的真实想法，同时以文字和语音记录下这些资料，并将这些资料转换成文本进行综合分析。为更准确地捕捉体育教师的真实想法，进而准确把握体育师资队伍建设的重要影响因素，作者共访谈了20位理工为主高校的体育教师及体育教育管理者，见表4-1-4。

表4-1-4　正式访谈样本

被访者样本	样本规模	被访者信息
体育教师	14	东北大学10、西安电子科技大学2、华东理工大学2
体育教育管理者	6	东北大学3、西安电子科技大学2、华东理工大学1
共计	20	—

第二节　理工为主高校体育师资队伍现状调研结果呈现

在获得第一手研究资料的基础上，运用人力资源管理、教育人事行政管理及教师专业发展等理论的指导思想，辩证地分析、合理地运用资料。本书运用SPSS 17.0统计软件分析问卷收集到的调研结果，运用质性分析方法分析访谈结果，通过对数据进行统计分析，梳理、提炼目前理工为主高校体育师资队伍建设的实际情态，对现行的高校体育师资队伍建设状况进行把脉诊断，查找病因，希望能为体育师资队伍建设科学、健康发展提供翔实的数据支撑，为后续管理高校体育师资队伍建设奠定基础，推动我国高等院校的体育师资队伍建设以最快的速度、最高的质量达到世界一流大学的水平。

一、问卷调研结果呈现

（一）体育师资队伍结构统计结果

1. 理工为主高校体育师资队伍的性别构成分布

一个群体的总人口中，男性和女性各自所占的比重被称为"这个群体的性别结构"。从调研结果来看（图4-2-1），理工为主高校的体育师资队伍中，男教师的数量远远高于女教师的数量，在83名调研对象中，男教师57人，占调研总人数的68.7%，女教师26人，占调研总人数的31.3%。这也是体育教师队伍的实际情况，是由体育运动的特殊性决定的。

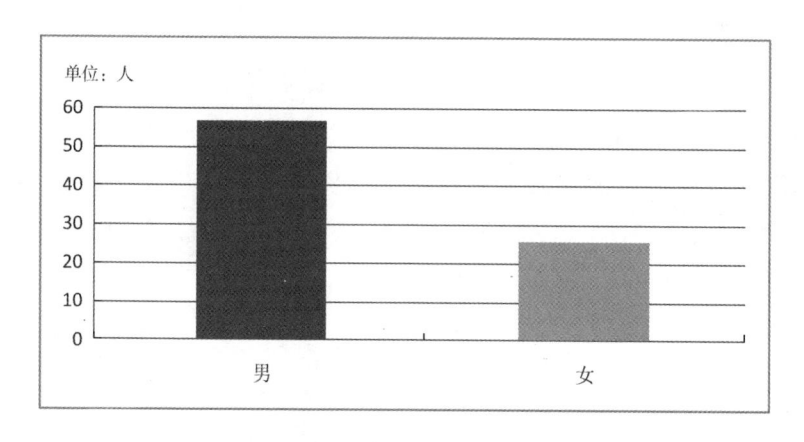

图4-2-1　理工为主高校体育师资队伍性别构成分布

资料来源：根据调研问卷统计得到。

2.理工为主高校体育师资队伍的年龄构成分布

年龄结构指教师年龄组成的态势，是一种人为形成的暂时格局。理论上讲，科学的教师队伍应该形成一个有层次的梯形结构，年轻教师和老教师数量不宜过多，中年教师应占据主要比例，既要防止教师班子老化，又要保持班子的继承性和相对稳定性。联合国世界卫生组织 2012 年提出最新的年龄划分标准，44 岁以下为青年人，45 岁至 59 岁为中年人，60 岁至 74 岁为年轻老年人，75 岁至 89 岁为老年人，90 岁以上为长寿老人。按照此标准，问卷的统计结果为：35 岁以下教师有 12 人，占 14.45%；36~45 岁的教师有 20 人，占 24.09%；46~55 岁的教师有 30 人，占 36.15%；56~60 岁的教师有 16 人，占 19.28%；60 岁以上的体育教师有 5 人，占 6.02%，如图 4-2-2 所示。

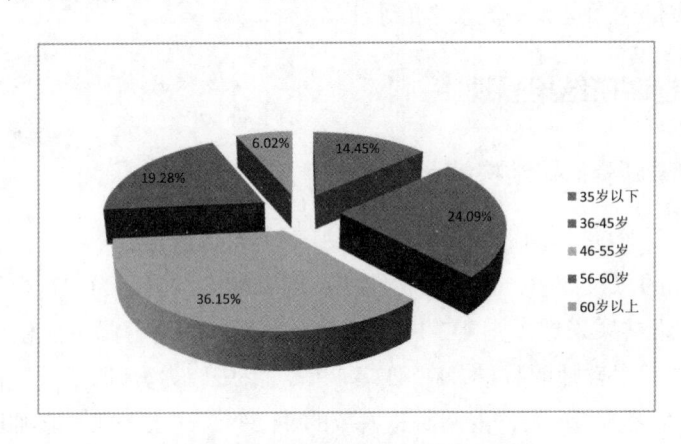

图 4-2-2　理工为主高校体育师资队伍年龄构成分布

资料来源：根据调研问卷统计得到。

3.理工为主高校体育师资队伍的学历构成分布

学历层次反映教师队伍的业务素质，即他们的基础训练水平及发展的可能性。如图 4-2-3 所示，被调研的高校体育师资队伍中，本科人数为 38 人，占 45.8%；硕士人数为 31 人，占 37.3%；博士人数为 11 人，占 13.3%；博士后 3 人，仅占调研总人数的 3.6%。高校体育师资队伍中主要以本科学历教师和硕士学历教师为主，博士学历的体育教师比较缺乏，博士后的数量也明显不足。

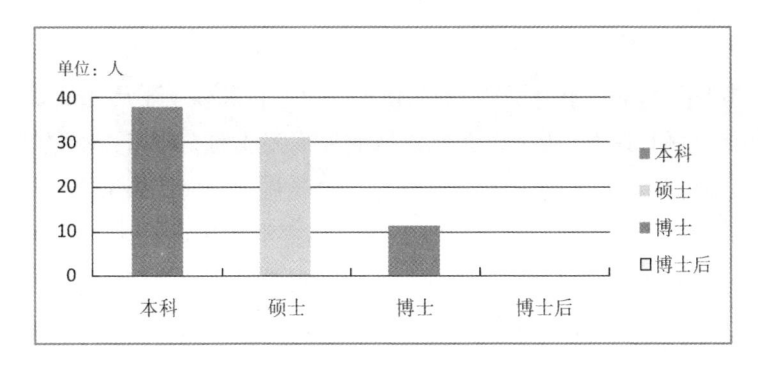

图 4-2-3　理工为主高校体育师资队伍的学历构成分布

资料来源：根据调研问卷统计得到。

4.理工为主高校体育教师本科专业构成分布

从体育教师的本科专业构成能够分析出理工为主高校体育人力资源优势，对于体育课程的设置及教师资源的培训开发具有重要的参考价值。问卷的统计结果为：理工为主高校体育师资队伍中，体育教育专业教师54人，占调研总人数的65%；运动训练专业的体育教师11人，占13.3%；社会体育指导与管理专业教师5人，占6%；体育经济与管理专业教师2人，占2.4%；其他专业教师总数为11人，占13.3%，如图4-2-4所示。

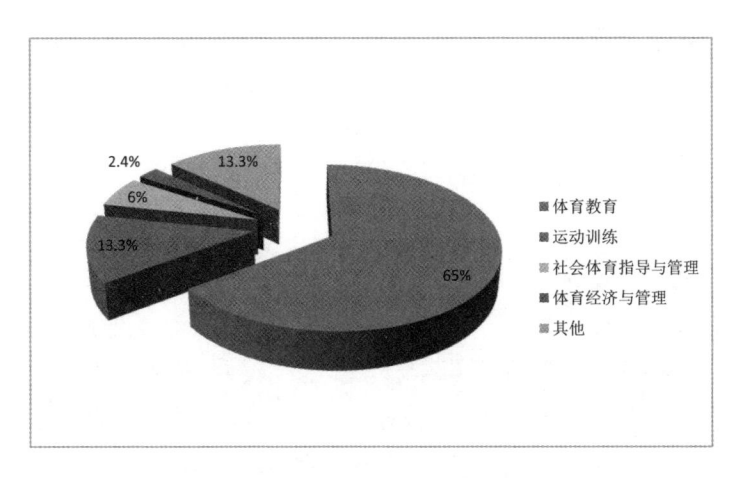

图 4-2-4　理工为主高校体育师资队伍的本科专业构成分布

资料来源：根据调研问卷统计得到。

5.理工为主高校体育教师本科毕业学校构成分布

通过调研了解到，当前体育师资队伍中，以本科和硕士学历人数最多，并且，多数体育教师的研究生学历是以在职进修的形式完成的。所以，本科毕业学校情况能反映出体育师资队伍的学缘结构情况。抽样调研的统计结果显示，上海体育学院毕业的体育教师19人，占22.9%；沈阳体育学院毕业的体育教师20人，占24.2%；南京体育学院毕业的体育教师18人，占21.7%；北京体育大学毕业的体育教师8人，占9.6%；武汉体育学院毕业的体育教师3人，占3.6%；成都体育学院毕业的体育教师8人，占9.6%；其他综合类院校及师范类院校的二级体育学院毕业的体育教师7人，占8.4%。抽样学校的体育教师师资来源最多的为7所大学，如图4-2-5所示。

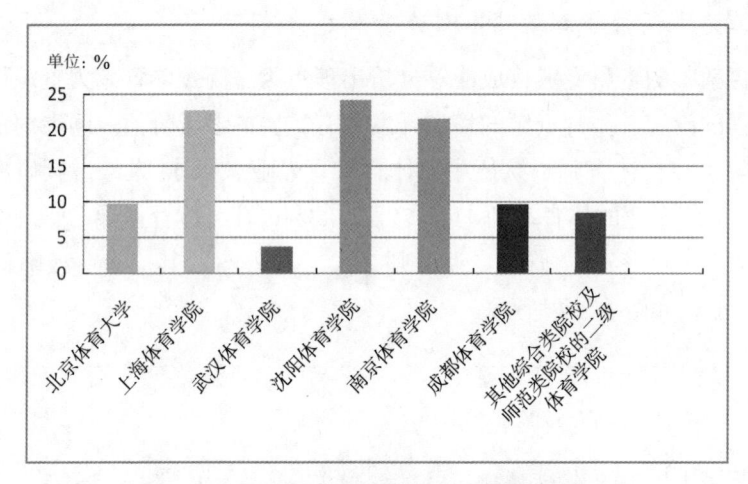

图4-2-5 理工为主高校体育师资学缘构成分布

资料来源：根据调研问卷统计得到。

查阅各个调研对象的官方网站，体育教育专业的体育教师主要开设的课程有：体育概论、教育学、学校体育学概论、体育教学论、运动解剖学、运动生理学、教育心理学、运动项目教学训练实践与理论。要求学生主要学习基本的理论和知识，掌握体育教育学、运动生理学、教育心理学、运动项目教学训练实践与理论。

6.理工为主高校体育教师的专业特长构成分布

调研体育教师的专业特长，是因为体育学科的特殊性。体育学科对教师的专业运动技能要求比较高，标准的示范动作无论对学生运动兴趣还是学生的健身意识的培养都具有非常重要的作用，同时对于高校开设选修课程具有重要的参考价值。从统计的结果来看（图4-2-6），理工为主高校体育教师专业特长构成，足球、篮球、排球 25 人，占 30.1%；乒乓球、羽毛球、网球 13 人，占 15.7%；田径 13 人，占 15.7%；健美操 7 人，占 8.4%；武术 6 人，占 7.2%，其他专业为 19 人，占 22.9%。

图 4-2-6　理工为主高校体育教师的专业特长构成分布

资料来源：根据调研问卷统计得到。

7.理工为主高校体育教师工龄构成分布

工龄主要反映的是教师的工作经验及资历。一般来说，教师执教时间越长，教学经验就越丰富，教学质量也越高。从本次调研问卷的统计结果来看（图 4-2-7），体育教师的工龄结构实现了老、中、青的合理搭配。其中工作了 26~30 年的教师占到调研比例的 32.5%，工龄在 16~35 年的教师相对集中，理工为主高校也同样因为 1999 年的整个高等教育的扩招而扩大招聘教师的数量。这部分教师从职称结构来看，大部分都在讲师或副教授位置，这对高校的职场晋升、培训开发都提出了新的问题。

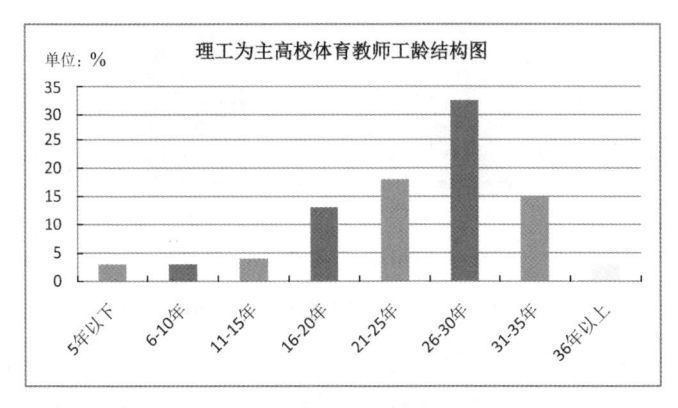

图 4-2-7　理工为主高校体育教师工龄构成分布

资料来源：根据调研问卷统计得到。

8.理工为主高校体育教师进修或在职攻读硕士、博士构成分布

从调研数据分析来看（图4-2-8），有41.6%的教师没有进修或者没有在工作后提高自己学历的机会。有47.9%的教师通过在职攻读硕士、博士学位，有4%的体育教师有脱产学习的机会，6.5%的教师有进行国内、国际访问学习的机会。

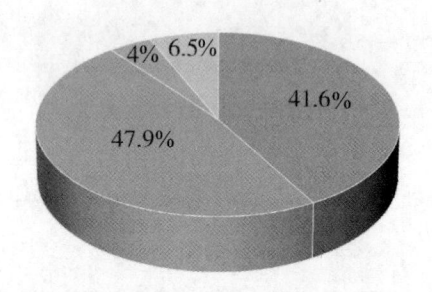

■ 无 ■ 在职攻读硕士、博士 ■ 脱产学习 ■ 进行国内、国际访问学习

图4-2-8　理工为主高校体育教师进修或在职攻读硕士、博士构成分布

资料来源：根据调研问卷统计得到。

9.理工为主高校体育教师带运动训练队构成分布

从问卷的统计结果可以看出（图4-2-9），体育教师中没有带过专业运动队的教师占调研总人数的57.7%；42.3%的体育教师有带队的经历。

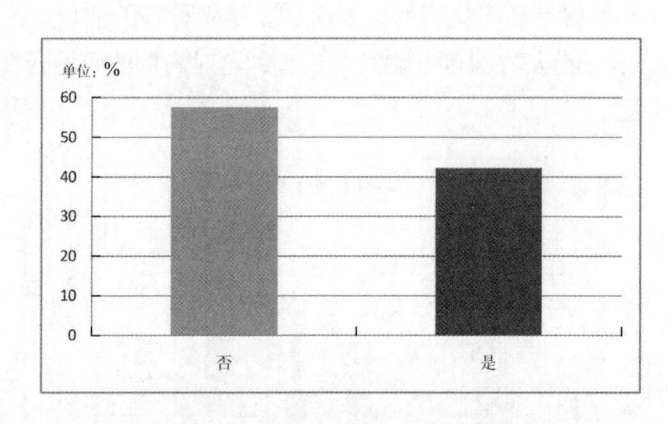

图4-2-9　理工为主高校体育教师的带队经历构成分布

资料来源：根据调研问卷统计得到。

体育教师的带队经历对于体育教师的成长具有非常重要的促进作用。从发达国家的成功经验可以看出，很多参加国际大赛的运动员都来自本国的高等院校。

我国在建设体育强国过程中，也正积极地在高校办高水平的运动队，有些理工为主高校的专业运动队也开始组建。

（二）体育师资队伍教学、科研统计分析

问卷的第二部分主要统计理工为主高校体育师资队伍的教学及科研情况，因为教育教学水平和学科实力是衡量师资水平的重要指标。蔡元培先生曾经说过："大学者，研究高深学问者也。"也就是说对学生进行教学、参加科研工作、进行科研活动都是教师的基本职责。本书对调研到的数据用图表清晰、直观地呈现，并用描述性语言对图表进行简要说明。

1. 理工为主高校体育教师的课堂组织安排灵活性分布

如图4-2-10所示，完成基本教学任务后灵活安排教学内容的教师32人，占到38.5%（图中表示为B）；完成基本教学任务后，结合学生特点灵活安排，同时还能够满足不同学生需求的教师25人，占30.1%（图中表示为C）；完成基本教学任务后，结合学生特点灵活安排，同时能满足不同学生需求，并在今后课上更好地组织课堂的教师14人，占16.9%（图中表示为D）；只有12人完全按照教学大纲进行教学，缺少对教学灵活性的掌握及对学生个体差异的考虑，占14.5%（图中表示为A）。

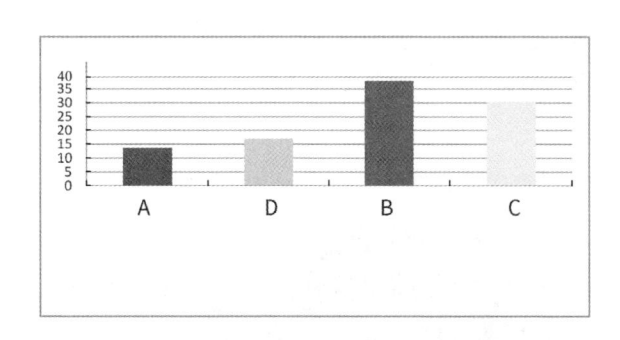

图4-2-10　理工为主高校体育教师课堂教学内容安排灵活性分布

资料来源：根据调研问卷统计得到。

2. 理工为主高校体育教师所在学科的办学层次分布

如图4-2-11所示，理工为主高校体育专业多以研究生招生为主，故很多高校没有本科专业的学生，都是以公共体育课教学为主，有极少数的学校体育专业招收博士生，53位调研对象为硕士生授课，占63.9%；27人为本科生上课，占

32.5%；3人为博士生上课，占3.6%。

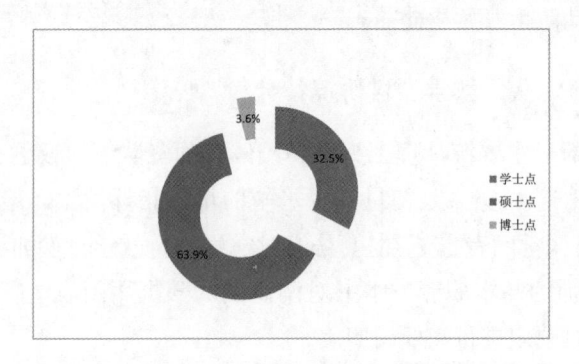

图4-2-11 理工为主高校体育教师所在学科办学层次分布

资料来源：根据调研问卷统计得到。

3.理工为主高校体育教师的年教学工作量分布

教学工作量在教学工作中占有核心地位，这是由学校工作必须以教学为主这一客观规律所决定的，教学是学校的中心任务。从问卷统计结果可以看出（图4-2-12），体育教师的教学工作量比较大，400~500教学时数的教师29人，占34.9%；500~600学时的教师24人，占28.9%；300~400学时的教师15人，占18.1%；300学时以下的教师6人，占7.2%；600学时以上的教师9人，占10.8%。从统计数据可以看出，理工为主高校的体育教师的教学工作量超出了教育部规定的教师每年教学工作时数不少于144学时的要求。

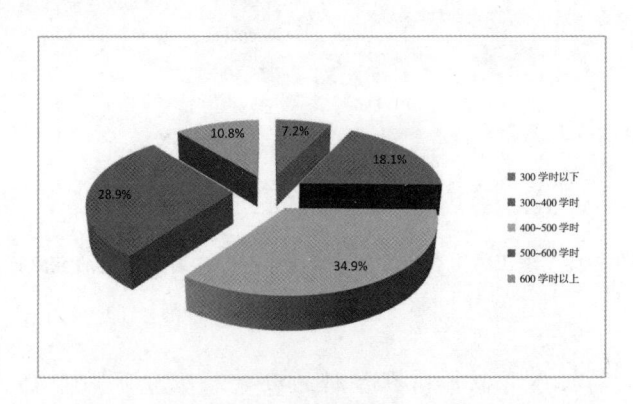

图4-2-12 理工为主高校体育教师年教学工作量分布

资料来源：根据调研问卷统计得到。

第四章 理工为主高校体育师资管理的实证调研

4. 理工为主高校体育教师的科研产出分布

问卷的统计结果显示（图 4-2-13），理工为主高校的体育教师科研产出成果一般的 36 人，占调研总数的 43.4%；很少从事研究工作的 17 人，占 20.5%；产出一定水平的科研成果的教师 20 人，占 24.1%；产出高水平成果的教师 10 人，占 12%。统计数据说明理工为主高校体育教师具有较强的科研能力，79.5% 的体育老师从事体育研究工作，只有 20.5% 的体育教师很少从事体育科研工作。

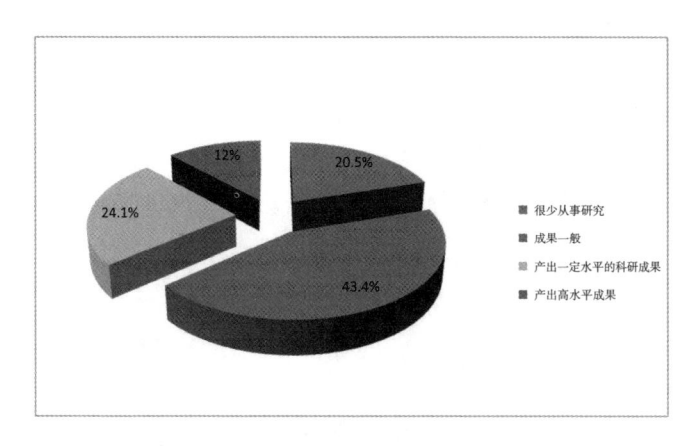

图 4-2-13 理工为主高校体育教师科研产出分布

资料来源：根据调研问卷统计得到。

从统计结果可以看出（图 4-2-14），理工为主高校体育教师出版专著的比较少，调研对象中有 46 人没有出版过专著，占 55.4%；出版 1~2 部（包括合著）的 26 人，占 31.4%；出版 3~5 部的教师有 10 人，占 12%；出版 5 部以上的 1 人，占 1.2%。

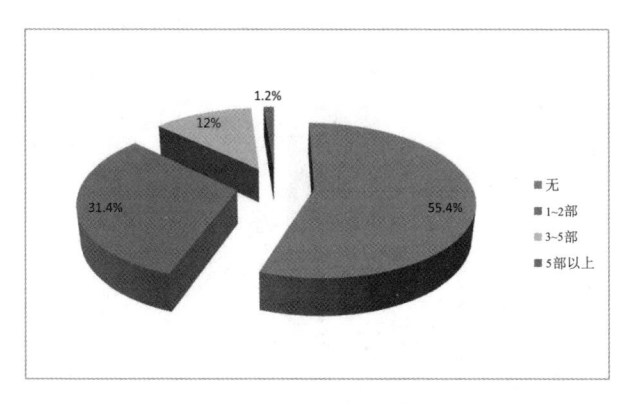

图 4-2-14 理工为主高校体育教师任现职以来出版专著结构图

资料来源：根据调研问卷统计得到。

5.理工为主高校体育教师外语应用能力分布

从统计的结果可以看出（图4-2-15），体育教师的英语水平普遍偏低，有21人的英语基础薄弱，无法进行教学、科研工作，占25.3%；有24人能进行简单的阅读，但需要翻译软件的帮助，不能进行外文写作，占28.9%；有20人能阅读资料，但如果进行写作需要翻译软件的帮助，占24.1%；只有18人能够熟练运用外文资料进行教学、科研工作，占21.7%。

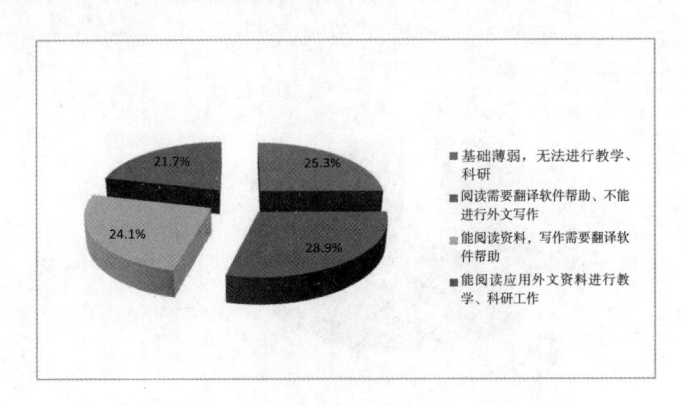

图4-2-15　理工为主高校体育教师外语应用能力分布

资料来源：根据调研问卷统计得到。

6.理工为主高校体育教师统计软件的应用能力分布

统计学在社会科学研究中得到了广泛应用，通过问卷调研结果可以了解理工为主高校体育教师对统计软件的应用及掌握情况（图4-2-16）：有39人基本掌握统计软件的应用，占47%；有19人能够熟练地应用统计软件，占22.9%；有17人了解一些，占20.5%；有8人不太熟悉统计软件，占9.6%。

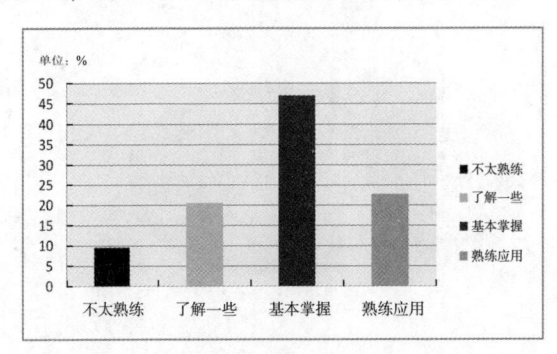

图4-2-16　理工为主高校体育教师统计软件的应用能力分布

资料来源：根据调研问卷统计得到。

目前，理工为主高校体育教师的科研水平、外语、计算机水平与其他学科教师存在着明显的差距，这是个不争的事实。

（三）理工为主高校体育师资队伍综合情况

1.理工为主高校体育教师工作环境满意度分布

问卷的统计图（图4-2-17）说明理工为主高校的教师工作环境比较好，39位教师对体育教学工作满意，占47%；26位体育教师比较满意教学工作环境，占31%；5位教师非常满意教学工作环境，占6%；10位教师不太满意目前的教学工作环境，占12.1%；只有3位教师不满意目前的工作环境，占4%。说明理工为主高校的体育硬件设施还是比较好的，较一般高校有比较大的优势。

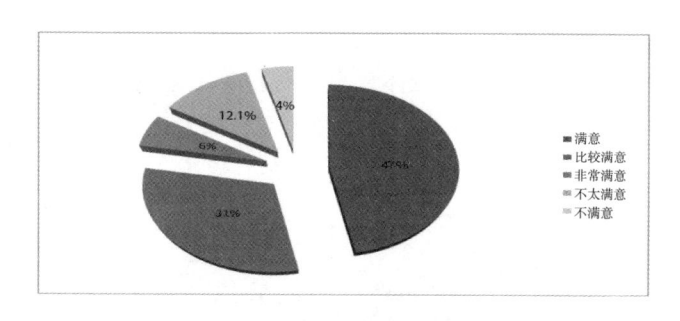

图4-2-17　理工为主高校体育教师工作环境满意度分布图

资料来源：根据调研问卷统计得到

2.理工为主高校体育教师月收入分布

教师待遇的高低直接影响到教师职业的吸引力和教师队伍的稳定。当前我国高校教师的待遇比20世纪80年代以前有了较大的提高，特别是随着科教兴国战略的实施，教育优先发展地位的确立，尊师重教社会风尚的形成和《中华人民共和国教师法》的进一步贯彻落实，教师的地位不断提高，待遇越来越好。如图4-2-18所示，在83份有效调研问卷中，26人月收入在5500~6500元之间，占31.3%；收入在6500~7500元的有26人，占31.3%；4500~5500元的15人，占18.1%；7500元以上的13人，占15.7%；3人的月收入在3500~4500元之间，占3.6%。造成这种差异的主要原因是实行绩效工资后，收入和教师的课时数、科研量、职称、职务、学历、地区差等多项指标相关。

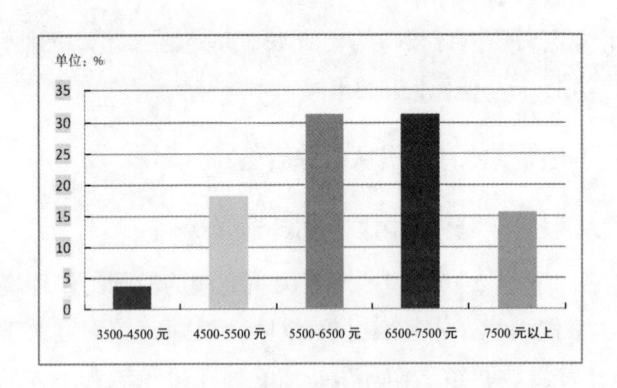

图 4-2-18　理工为主高校体育教师月收入分布

资料来源：根据调研问卷统计得到。

3.理工为主高校体育教师薪酬满意度分布

图 4-2-19 所示为理工为主高校体育教师对薪酬结果的满意度分布。调研统计得出，对薪酬结构满意的 29 人，占 34.9%；不太满意的 24 人，占 28.9%；比较满意的 23 人，占 27.7%；不满意的 4 人，占 4.8%；非常满意的 3 人，占 3.7%。

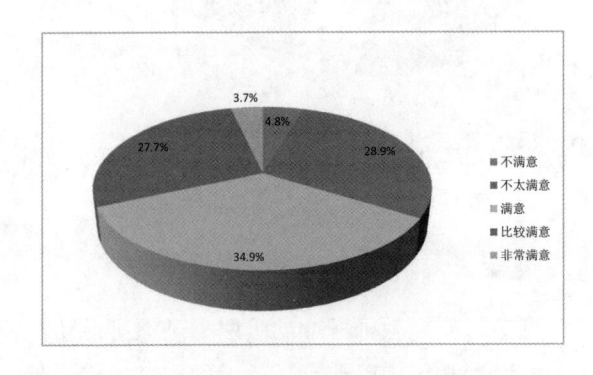

图 4-2-19　理工为主高校体育教师薪酬满意度分布

资料来源：根据调研问卷统计得到。

4.理工为主高校体育教师职称评聘指标分布

评聘指标是各个学校人力资源管理的重要工作内容之一，从抽样问卷统计结果来看（图 4-2-20），有 42 位体育教师认为科研指标应该改进，占 50.6%；有 18 位体育教师认为教学指标应该改进，占到调研总数的 21.7%；有 14 人认为特殊指标应该改进，占 16.9%；认为一般指标应该改进的 9 人，占到 10.8%。很多指标的制定虽然有一定的目的性，但应该满足大部分人的共同意愿。

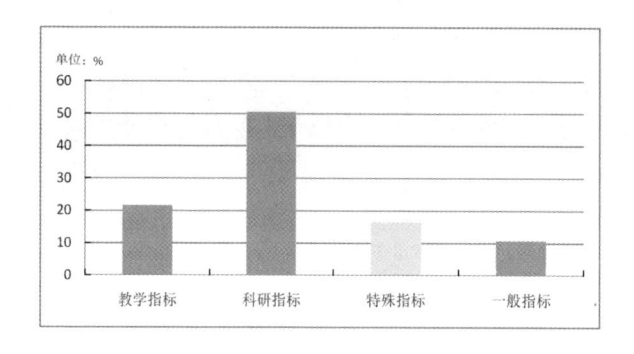

图 4-2-20　理工为主高校体育教师职称评聘指标分布

资料来源：根据调研问卷统计得到。

5.理工为主高校体育教师进修意愿分布

从问卷的统计结果可以看出（图 4-2-21），大部分体育教师都有外出进修的愿望，而且有大部分老师有非常强烈的外出进修学习的愿望。47.9%的体育教师想参加进修学习，22.7%的体育教师比较想去参加进修学习，15.4%的体育教师有强烈的进修学习愿望。只有14.0%的人不想参加外出培训。进修是提高教师综合能力的重要手段。对于教育的管理者，应该高度重视体育教师队伍的这种呼声，86%的体育教师想通过进修学习提高教学、科研方面的能力。

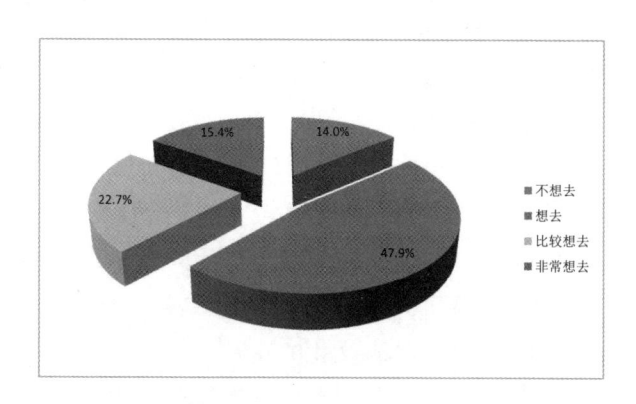

图 4-2-21　理工为主高校体育教师进修意愿分布

资料来源：根据调研问卷统计得到。

6.理工为主高校体育教师工作压力来源分布

从问卷统计的结果可以看出（图 4-2-22），理工为主高校体育教师的工作压力主要来源于科研压力和职称晋升压力。46%的体育教师感觉到科研压力比较大；

其次为职称晋升压力，为33.3%，因为科研是职称晋升的必备条件。14.5%的教师感觉到学生管理的压力；只有6.2%的体育教师感觉到教学压力大。科研压力大主要因为作为理工为主高校的教师，应该是教学促进科研发展的主力军，体育教师也包含在内。

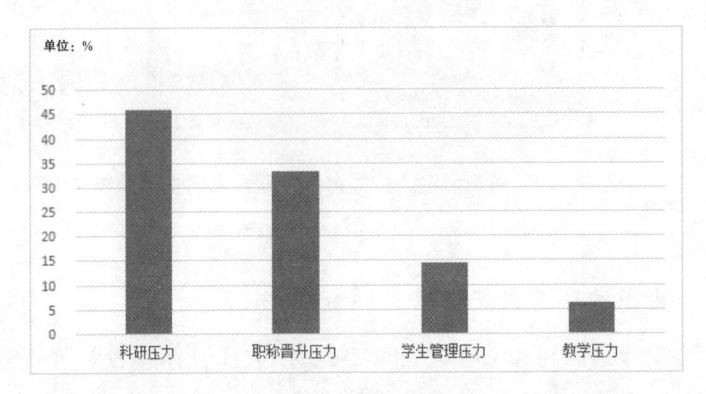

图4-2-22 理工为主高校体育教师工作压力来源分布

资料来源：根据调研问卷统计得到。

7.理工为主高校体育教师的裁判等级分布

从问卷的统计结果来看（图4-2-23），理工为主高校体育教师的裁判等级还不是很理想，47.1%的体育教师有国家一级裁判资格，20.3%的体育教师有国家二级裁判资格，23.6%的体育教师有国家级裁判资格，只有9%的体育教师具有国际级裁判资格。从调研的数据可以看出，对于理工为主高校的体育教师来说，只从裁判这方面来看，对于建设体育大国的目标，我们自身还有很大的提升空间，对于举办国际大赛，我们的裁判队伍还是比较弱的，应该进一步提升理工为主高校体育师资队伍的整体水平，增加体育教师的国际交流、学习的机会，扩大体育教师的视野。因为举办国际赛事，它呈现的不仅仅是某一个体育项目的国际水平，还体现了整个体育赛事的规模、体育文化的发展，更重要的是扩大了体育研究者的认识空间、认识高度，无论是从教学上、还是科研上对体育师资队伍整体水平的提高都具有非常大的作用。所以作者认为我国理工为主高校体育教师的裁判队伍的整体水平还需进一步提高，现状对于理工为主高校体育运动开展还是具有一定的阻碍作用，但对于国内群众体育赛事的推广，作者认为我们的裁判队伍比较有优势，有高达67.4%的教师具有国家一级、二级的裁判资格，对于各个层次规模的赛事开展都具有很强的组织能力，能充分调动基层群众的运动热情，这对于实现体育大国的发展目标具有积极的作用。

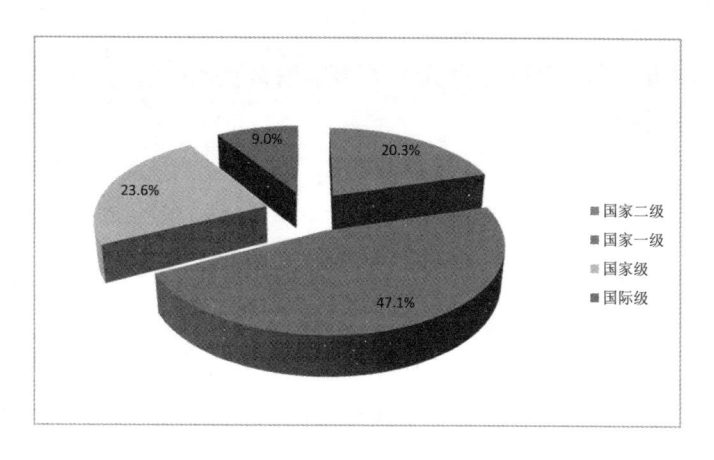

图 4-2-23　理工为主高校体育教师的裁判等级分布

资料来源：根据调研问卷统计得到。

8.理工为主高校体育教师的第二职业分布

从问卷统计的结果（图 4-2-24）可以看出，理工为主高校的体育师资队伍中，绝大部分教师没有第二职业，都在专心地从事体育教学、科研工作，但有 9.6% 的体育教师有与本专业相关的第二职业，0.8% 的教师从事与体育无关的第二职业。

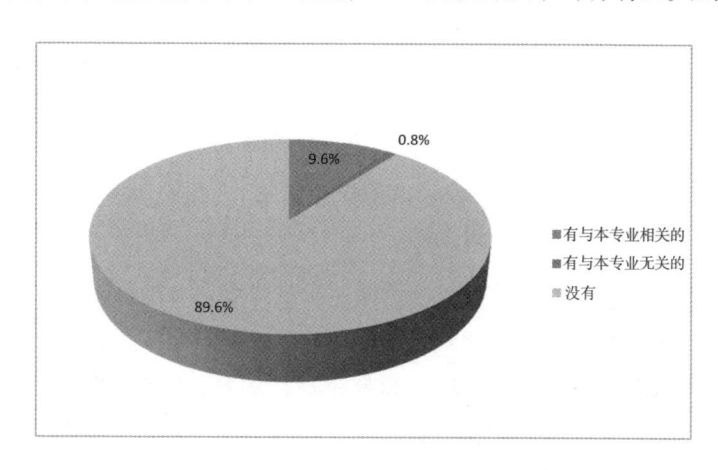

图 4-2-24　理工为主高校体育教师的第二职业分布

资料来源：根据调研问卷统计得到。

作者认为，教师从事第二职业的初衷有两个：一个是对体育工作不满意，比如对工作的薪酬待遇不满意，在这个物质丰富的时代，生活的压力及工作环境不满意（包括教学环境与人文环境、教师在学校中的地位）等多种原因，影响体育教师进行体育教学与科研的热情；另一个是本身不喜欢体育工作，由于多种原因进入到体育队伍，对体育教育甚至对教师职业都没有热情，所以有部分体育教师从事了与体育无关的第二职业。

二、访谈调研结果呈现

和很多质性研究一样，面对丰富的数据，如何将研究结论用一种精炼的方式呈现给读者，既不让读者淹没于数据和资料中，又能让读者清晰研究脉络、了解数据与理论之间的关系，从而提高研究的信度，是一个好的研究者必须要解决的问题。为此，作者在本书资料呈现上选择了归纳总结的研究方法，层层剥开收集数据的真正面貌。在本书的写作方式上采用了以下策略：为了尽可能将研究过程在本书中呈现出来，在成文过程中，作者采用类属与情景相结合的叙述方式，以期既能突出研究结果的层次，又能展示事件发生时的自然情景。为了让读者首先对理工为主高校体育师资队伍的建设工作有一个整体了解，本书通过融入具体的情景并引用体育教师和体育管理者的陈述，全面呈现目前体育教师对体育师资队伍建设的真实想法，深入细致地再现他们具体的教学、科研工作细节，以及在教学、科研工作中的亲身体会，体育教师对当前现行体育师资队伍管理中各种体制、机制及现行政策的理解，而且可以"听出"体育教师自己的内心声音，以实践经验作为研究根基可以将各维度与因素所在的上下文情境和社会文化背景呈现出来。从某种意义上说，深度描述记录的是来自生活经历的声音，它将一系列经历串联起来，为细致深入的解释分析奠定基础。

（一）体育教师的自我认知方面

体育教师与其他教师都属于高校教师，具有共性。因我国体育教育体制原因，很多教师都是从小在体育方面具有运动天赋，并为此付出了大量的时间和精力。目前高校体育师资队伍中，绝大部分体育教师是从专业体育院校毕业的具有各类专业特长的优秀人才；还有些是奥运冠军、全国冠军、运动健将等从竞技体育专业队培养出来的各类体育优秀人才；另外，也有部分体育教师毕业于师范类综合院校的二级体育学院。高校体育教师来源不同，对自身在高校的定位也不同。这对于体育师资队伍的建设及管理具有重要的参考价值。

1.体育教师对本专业与其他专业方面的认知

关于体育教师与其他专业教师的区别,为了全面了解体育教师的自身认识情况,作者访谈了多位理工为主高校的体育教师,其中包括从竞技体育专业队到高校工作的体育教师、以公共体育教学为主的体育教师和以研究为主的体育教师。他们从各自的角度出发,谈体育教师与其他教师的区别。在很大程度上代表了高校体育教师整体的看法和判断。

教师1:"就体育教师与其他教师的区别来说,我感觉最大的区别就是,首先,体育教师在教学环境上就不一样,我们要在室外空旷的场地上进行体育教学,受周围环境的影响比较大,更多体现的是教师的组织能力与执行能力;其次就是我们的授课对象多样,我们学校是全校选课,一个班级里有很多专业背景的学生,这对体育教师授课来说也具有一定的挑战性。再有就是,体育教师不但要讲清楚技术动作的原理,还要具有非常到位的示范动作,因为好的示范动作对学生来说具有无声的吸引力,好的讲解加上标准的示范,对培养学生体育兴趣与学习积极性都具有不可预测的影响。"

教师2:"关于体育教师与其他专业教师的区别,一般在教学型的高校中区别不是很大,因为大家都是以教学为主。但在我看来研究能力对于大部分体育教师来说还是短板,这么说也不一定正确。"

教师3:"我认为区别最大的是在研究成果产出方面。因为目前实行绩效工资制,体育教师所得到的绩效工资与其他专业教师相比还有一定差距。现在高校的各项评价都是与科研成果相挂钩。对于我们搞体育的来说,科研本来就是弱项(个人观点),比如我以前就是专业运动花费的时间比较多,理论学习的时间不足,搞研究又不是一朝一夕的工作,以后要多花些时间在科研上。"

教师4:"对于这个问题,要分怎么看。从体育教师自身来说,我觉得就是大家分工不同而已,我是教体育的,你是教英语的,他是教计算机的。从另外一个角度来说,在现在的高校发展战略下,尤其是我们这类"争创双一流"的高校,比较强调教师的科研能力,通过各项评价指标就可看出来。体育教师在科研方面相对其他上文化课的教师还是偏弱的,毕竟体育教师需要更多的时间去运动场地工作,这也是体育教师与文化课教师的区别,但在评价指标上对体育教师特殊的工作性质没有考虑得特别明显。"

以上我们可以看到,不同的教师对自身专业与其他专业都有不同的认知,但都认为体育专业具有独特性,且大部分教师提出体育专业教师在科研上存在短板。

2.体育学科在本学校的地位及体育教师对工作环境的认知

教师5:"关于体育学科的地位问题,在我们这类高校还是有区别的。因为当前国家提倡'双一流'发展,其导向就是发展优势学科,进而发挥优势学科的地位。但我觉得这个主要还在于领导的重视程度,比如我同学的单位,因为体育学院领导是(体育学科领域里)全国唯一一位体育学科的长江学者。2013年底全国体育学科排名第三,地位非常高,这在全国综合院校来说体育学科应该是最高的,可见领导的带领作用非常大。现在工作环境较以前有了很大改善,我比较满意。"

教师6:"学科地位的问题要分情况来说。从表面看基本没有太大的区别,全校的课时费都一样,大家的总工作量差别不大。其他方面就有很大的区别,高校教师主要的经济来源分两部分,一部分是基本工资,另一部分是绩效工资。刚才说的基本工资没有太大差别,但绩效这块与其他专业尤其是优势专业教师的区别就很大了。比如,体育教师的课题申报难,重大课题的申报就更难,论文发表也相对比较难,所以,绩效差别非常大。此外,因为体育学科在高校永远都是"会上重要、会后不要"的地位,所以体育学科要想在高校拥有重要的地位,关键看领导的作用,如果领导重视体育,或者曾经的体育教师提拔为校领导,因为比较懂体育(我们有的同学的单位就是这样),体育学科会在高校有很好的发展空间。否则体育在高校的地位一直延续"说着重要、做着不重要"的尴尬局面。对于工作环境,这几年随着国家对学生体质的重视,体育经济发展势头比较好,我们学校的体育场地有了很大的改善。上课环境比较好,但是我们的办公条件及实验条件还需要继续改善,体育教师进行科学研究的大环境还是不能满足体育教师的需求。"

教师7:"我们学校现在对体育部的重视程度还是很高的,因为国家现在大力推进学校体育工作,所以对体育提出了更高的要求,我们对自身的要求也很高,在体育教学这块开设了20多个项目,每个项目也非常受学生喜欢,体育这块带给学校的荣誉也很多,我们学校的高水平运动队在省里也是名列前茅的,很多次比赛也都拿到全国名次,成绩也不错,在这方面给学校带来的荣誉还是多的。受国家政策大环境的影响,我们现在体育场地建设比较好,基本能满足体育教学需要,工作环境非常满意。"

以上我们可以看出,体育教师基本都认为高校体育的地位和工作环境相较以往有了较大提升,不过仍需进一步强化与发展。

3.体育教师应该具备的能力素质及努力方向

教师8:"对于公共课的老师来说:第一,专业技术应该过硬;第二,对于大体育的概念结构应该更合理,应该与体工队有区别;第三,作为体育老师,兼顾了体育教练的部分工作内容在里面,应该兼顾体育的教学能力与体育训练能力。对于体育教学能力较高且在某项运动项目上拥有较强体育运动能力的教师来说,他们一眼就能看出学生技术水平的高低。如果体育教师比较年轻,教学技术水平有限的话,在教学中课堂上比较难组织,如果学生有点个性,会影响整个课堂的教学。大家对体育直观的评价就是技术水平,如果教师比学生强大,学生就比较愿意服从教师的指令,尊重教师了。自己需要进步提高的方面还有很多:第一,自己钻研的项目的发展前沿,能否一直保持在领先的位置,需要不断地探索,因为大家都在往前走,如果不努力就会掉下来;第二,从国际发展的视野看,自身的能力还是比较欠缺,和国外学者的交流方面还比较弱;第三,由于个人成长的经历,知识结构、理论方面欠缺得比较多,基础不够扎实,如果能把自己专业的教学能力、科研能力、发展能力,同步到理论的结构实践出来,这个无论在国内还是在国外都有非常大的发展空间。"

教师9:"这个问题,我认为作为体育教师,首先,应该是思想健康、积极,对学生有正确的引导。其次就是基本技术过硬,示范动作应该准确到位。因为作为公共课体育教师,面对的学生专业背景多样,运动能力的层次不一,对老师的知识全面性、技能要求都非常高。体育教师不仅要有专业的技术能力,还要具有专业教练员的训练能力与组织能力。"

教师10:"对于体育教师的能力素质问题,我认为在体育课教学中,体育教师除对所任学科知识融会贯通外,还要对相关学科有一定的造诣,同时还要具备较好的语言表达能力和课堂应变能力,这样才能充分体现课堂组织安排的灵活性,教师在执行体育教学任务时才会得心应手,达到提高教学效果的目的。在教学中,教师的一言一行、一举一动乃至师德与技能都是学生模仿的对象。教师要用高尚的情操、广博的知识和健美的体魄,给学生以积极的影响。从而端正学生学习态度,增强学习信心,不断激发学生对体育的兴趣,这些都是在现在的考核指标中不能体现的,但我个人觉得,这些对任何教师都是非常高的能力要求。"

教师11:"对于这个问题,我觉得教师的能力最主要体现在课堂教学上。教学能力是教师的最基本的能力,课堂教学的组织能力能充分地体现体育教师的教学基本功。课堂教学是实现学校教育目的的重要手段,是组织教学活动的主要途径。"

以上我们可以看出，体育教师既要有强健的体魄，又要有积极健康的思想；既要有高超的技能，又要有丰富的学识，还应不断提升自己的教学能力、发展能力以及科研能力，做到学无止境。

（二）体育教师的评价机制方面

考核评价是高校教师选聘、任用、薪酬、奖惩等人事管理的基础和依据，深化高校教师考核评价制度改革是调动教师工作积极性、主动性的"指挥棒"。教育部印发《关于深化高校教师考核评价制度改革的指导意见》（教师[2016]7号），进一步推进了高等教育综合改革。通过访谈理工为主高校体育教师对本校的工作经历、教学、科研考核及职称晋升等工作感受，能从另外一个侧面反映出高校在教学评价、职称晋升等方面对师资队伍管理的真实情况。

1.您到本单位工作年限及工作经历是怎样的？

教师12："工作2年多，硕士毕业后到校工作，本校对硕士老师的要求就是工作2年要晋升具备讲师岗位的条件（职称外语、计算机、教师资格证、普通话）就可以，没有科研方面的要求，但有学时要求，评副教授就要求有科研成果。"

教师13："工作年限14年，本科毕业后到校工作，后来2009年因为工作需要，考取了在职硕士学历。我们目前基本上教师都有研究生学历，年龄在45岁以上都是本科生，30岁到45岁左右的都在职研究生居多。学校对教师评正高条件较高，一般要求有5篇以上的核心论文，体育相对宽松点也要有3篇以上体育类的核心论文，所以条件非常高，这也是我们学校目前教授较少的主要原因。"

教师14："我是2002年本科毕业后先到一般高校工作几年后，考取了体育学院的硕士、博士研究生，2013年毕业后到现在的学校工作。所以现在工作年限3年，我个人觉得，职称晋升是个难题，从助教晋升讲师比较容易，发一篇核心论文就可以，但讲师晋升副教授就比较难，可能是综合性大学都有这方面的原因，尤其是公共体育课教师晋升职称比较难，我们要和英语、思政部、艺术等院校一起评选，门槛比较高，后边的晋升就更难了（教授），公共体育教师晋升非常难，比如我要晋升副高，要求发表6篇论文，其中必须要有4篇是核心论文，还要有科研获奖，分国家级、省级或校级，在满足这些条件的基础上，要是能有纵向课题，并有科研进款，就相对具有晋升的优势了。所以这些条件对我们来说是相当困难的。以前晋升职称的标准并不统一，比如说要求论文发表到一定级别，不是体育类的论文也有效等。

教师进修，在接受教育方面，学校鼓励年轻教师要有 3 个月以上的学习经历才能达到晋升的条件，可能因为以前不太规范，还有这个进修班，但现在很多高校没有这个短期进修班，一般以高访学者的身份学习，但高访要求具有副教授以上职称才能报名，因以前有这种形式，现在越来越规范，报名人数少，所以慢慢取消，选择越来越少，我就想去进修，还真想学点东西，那就要私下学习，如果是讲师，就不能拿到进修证，但如果没有证怎么能证明我去进修了呢。还想晋职称，还要学习，但没有接口。"

教师 15："我博士毕业后到校工作，至今工作 6 年多了。在教学方面的工作经历比较顺畅，没有大的波动，在职称晋升方面由于博士毕业，评审副高还算比较顺利，因为在读博士期间，论文发表还有科研课题什么的都满足职称评审条件。我们现在职称评审考核的重心还是在科研能力方面。这也是我们研究型高校的教师必须具备的能力之一。但是晋升正高的条件，对于大部分体育教师来说还比较高。现在由于体育类核心论文数量比较少，全国高校的体育教师又都想在上面发表文章，竞争激烈的同时质量也就要求非常高，对于作者的文学素养要求比较高，也就出现了当前大部分体育教师都反映的"发论文难"的现象。我个人认为，目前我国对教师的科研要求存在一个严重的脱节现象，就是很多大学要求教师具有很强的科研能力，但在教师走出校门以前，对科研能力的培养还存在培训不完善，衔接不上，很多在学生时代（包括硕士）没有经过系统的科研训练或训练得不够，而工作后又提出了搞科研要求，这样势必使年轻教师的压力无形增大。"

教师 16："我从参加工作到现在都 18 年了，工作经历比较长。对于教学方面，我们现在是只要完成基本的教学工作量就行，每学期也制订计划，但关心的就是不要早下课，课上别出现大的教学事故就可以了。考核就是老师间进行互评，开展公开课等，但在执行方面就比较应付了，就在文件制定与执行中存在衔接不当，接口不配套等问题。我认为我们教师的本分就是教书育人，更应该强调教师的教学能力提升。但据我了解，现在像我们这类高校，对教师的要求更多的是强调教师的科研能力，那么，如果要是强调科研，就成立专门的体科研所，进行尖端研究，其他教师就好好抓教学。教学的评价标准也存在很大难度，比如篮球的老师与武术老师怎么去比较教学质量的优劣也是个问题，所以现在的制度出现了问题。"

教师 17："工作时间到现在是 8 年半，在教学培训机会方面，我们学校鼓励老师外出学习，但真正出去培训的不多。教学评价主要看是否有教学成果（比如发表教研论文、获得教学基本功大赛、参加教学会议并发言等都有加分）。其他的基本教学内容大家都能完成，差距不是很大。职称方面，主要看中科研，要有一些教研类文章，比如晋升教授，要以第一作者在公开发行的杂志上发表学术论文 6 篇，其中在核心期刊上发表的学术论文至少 4 篇。另外还要作为负责人承担省部级或国家级（含三级子课题）纵向科研项目 1 项；或主持科研经费进款额 70 万元及以上的重大设计项目 1 项；或作为负责人承担省部级及以上教改项目 1 项。现在出现了一个脱节现象，晋升讲师比晋升副教授难。为什么呢？主要原因是以前硕士毕业一年，就可以直接评审副教授了。但现在要硕士毕业三年。以前正教授发表文章 1~2 篇就可以了，但现在需要发表 6 篇以上。主要是制度设置有问题，以前，一篇 2 类没有，晋升副教授了，有两篇 2 类的但校内没有评选上的情况是存在的。但现在很多讲师在科研方面能力是强于副教授的。原因是现在进人要求的学历比较高，年轻教师具备一定的科研能力，但因讲师名额限制，竞争激烈，副教授名额限制不多，所以出现晋升讲师比晋升副教授还难的情况。"

以上我们可以看出，教师们大都感到晋升、进修方面存在困难，针对体育专业更存在教学与科研平衡问题的疑惑。

2.理工为主高校对体育教师的教学、科研工作是怎样考核的？

教师 18："教学工作来说，以教学工作量，学生评教为主。但近几年来对学生评教反对声音比较大，由于有些老师考核不严格，学生对该教师的评分就很高。所以学生评教没有作为重点内容来考核了。对于科研来说，由于自己本身有晋升职称的要求，如果总没有成果也不太好意思，对于年轻老师来说，还是很有压力的，学院每年都在院内公布，所以至少应该有一篇的，主要是自己不好意思。但是，对于老教师还好一点。听说现在很多学校都实行了如果聘期达不到考核要求（比如年轻教师 3 年如果没有晋升），就会自动转岗，从教学岗转到行政岗或其他岗位。或许是因为聘期科研压力的原因，某高校有一位教授因为不能承受这样的压力，就自动离岗了。总之压力是很大的。"

教师 19："学校对于工作的考核，我们主要是分为教学考核和科研考核，教学考核主要就是期末考核，但由于体育教学考核的评价没有清楚的标准，一般只要没有重大的教学事故，基本都合格；同时教务处采取学生评教，由教师所教授班级的学生对整个学期教师的课堂表现打分，这个现在反对的声音特别大，很多学生由于害怕老师给的期末考分不及格，不敢给老师打低分，所以学生打分对于教师上课态度等的评价区别不大。我们主要考核的是科研条件，比如必须有核心论文、各个级别的课题及获得的科研奖项等，这些指标划分得比较详细，也是老师科研考核的硬指标。比如副教授每年的科研工作量必须有 CSSCI 论文一篇以上，或者主持省级以上科研项目一项。"

教师 20："工作考核问题，我们学校主要是以教学考核与科研考核为主，但学院根据体育教师的具体情况，制定了我们部自己的考核办法，主要还是依据学校的考核文件制定，重点突出科研方面的考核，对教学考核主要包括：教学工作量、不接打电话、不迟到早退、无重大教学事故等，还有就是一些老教授组成教学督导组，不定时地到课堂听课。以前还参考学生评教，但学生评教因为评价主体与客体的不平等问题，反对声音比较大，现在也在逐渐淡化参考价值。虽然形式很多，但由于很多教学考核指标难以量化或者说是量化指标不清晰等问题，在真正考核时重点参考的还是科研方面。在科研考核方面，我们部也是重点参考学校的科研考核标准，制定了我们自己的科研考核量化指标，但是，我们学校因为是理工为主，工科相对较强。所以，学校的科研指标制定方面考虑得比较多，条件也比较高，对于我自己来说很有难度了。"

教师 21："学校考核形式化严重，备课、教案、学生辅导作业、听课程序都有，但很多制度在执行过程中形式化问题严重，尤其是教学评价方面，没有一个合理平衡的量化指标，领导具有很大的主导权，如果能力（指科研能力）强的老师，还是比较受领导重视的，但一般情况下大家都是差不多的。制度建设存在很多问题，如听课制度，大部分人都很平淡，一般情况下差不多，没有太大区别，学科建设方面也存在很多不公平，论资排辈严重。"

以上我们可以看出，高校体育教师考核主要包括教学考核和科研考核，教学考核形式较为单一，即便有的学校加入了学生评教，也因种种原因予以淡化；而科研考核要求严格，令教师备感压力。

3.在职称晋升方面，请您谈谈学校的评职政策对体育教师有无特殊要求，您认为是否应该与其他学科区别对待？

教师 22："职称晋升要看教师的教学情况、科研情况，还有就是其他一些获奖情况。术科（体育）教师与其他专业教师还是有区别的，但是区别的界定有困难，没有一个好的方法去量化，这也是考核当中一个老生常谈的问题，没有一个可以量化教学的质量和教学水平的标准。对于老师来说，如上课课时较多，只能从薪水方面给些补偿。如浙大有个文件出台，对于平时进行上课多又专心钻研教学的老师来说，可以从经济角度给些补偿，但对于职称晋升是没有办法的，因为晋升必须有课题、文章等方面条件。但是，教学课时费高可以使更多老师回归到本校的课堂教学中来。比如浙大出台了一系列的政策，来补贴教学老师的经济收入。对于不具有科研能力的老师来说，国外博士职称有2条线的，一条是理论教授，一条是实践类教授，但我国目前评审标准都是一样的，没有区别得那么明显。"

教师23："单从职务评审来说，我们还是以学校的文件为主。在论文的级别分值认定上，以发表核心期刊为例，如发在体育核心的分值要比发其他类别（比如管理、经济等）的分值高；但是在各个级别的年工作量方面评价，又不同了，因为体育类论文的核心非常难发表，我们要求教授每年要有核心论文发表，但体育部只认可一本省级刊物为核心期刊；其他方面，我们与艺术类专业一起评审，因为专业不同，所以也不存在所谓的公平不公平。"

教师24："我认为应该根据体育教师的特殊性，制定针对体育教师成长的适宜的激励机制，调动体育教师的积极性。目前这样的评价体系，导致不公平增多，量化指标脱离实际，实际上是对人力资源的极大浪费。"

教师25："只是注重面上的量化，缺乏合理的评估机制，评价机制也存在很多问题，申报条件以科研为主，导致老师不重视教学，只重视科研，严重忽视教学，对教学好的教师非常不公平。教师评职和音、体、美一起评审，现在因为人事部门控制职称晋升的数量，增加了教师之间的竞争，不像以前，学校为了提升整体师资的结构，晋升名额比较多，但现在晋升职称就非常难。很多东西不算分，比如出版普通刊物论文只算4篇，不管发多少，因为普通刊物发多了没有意义。但我们都知道核心非常难发表。"

以上我们可以看出，教师基本认为体育教师的评职政策应与其他学科区分对待，但实践中仍未能如此，导致不公平问题产生，也不利于教师成长。

（三）体育教师的培训开发方面

1.您认为学校对体育教师自身发展的重视程度如何？学校对教师专业成长提供了哪些支持？工作中最满意和最不满意的是什么？

教师26："如果和其他学科比较，应该说还是有点差别，但总体来说，对体育学院的重视度较高。学校对老师无论从理论还是实践方面都提供了非常好的发展平台，我们学院有全国教育部的青少年体育运动体育教学干预国家重点的实验室。学院领导是全国中小学体育课程改革的领导小组组长，承担全国体育教课课改的任务，所以说，学院对体育教学改革方面非常重视，对于体育教师，无论是术科教师还是理论课教师,都非常重视,博士点一级学科授予权,我们不需要再申请,学院现在主要是师资还需要符合条件,学院对老师科研和教学的重视程度是非常高的,我们院有八位教师是访问学者回来的,一位是美国引进的博导,很多博士都是联合培养的,在运动人体科学和体育哲学方面,有很多的发展空间,每年有 5~6 篇 CSSCI 核心论文发表,很强大的,学校有很多激励措施、鞭策计划来激励教师,有师资博士后计划,享受副教授待遇,教师进校后 3 年内如果没有晋升副教授,就会自动离开。最满意和最不满意的来说,我们学院给老师提供了非常好的发展空间,最满意偏重于术科,学校提供了全国最高的平台,据我所知没有哪个学校会比我们高。绝对的中国最好的发展平台,各方面资源、政策都会向老师倾斜。所以,都是非常满意的。"

教师 27:"学校对体育教师自身发展的重视来说,总体看还是不错的,对于教师进修、培训等都出台相关文件给予大力支持。但是,由于各种原因,体育教师参加各种培训的机会还是非常少的。首先,从整个体育系统来说,专门对于体育教师的培训各个层面的主办单位还是比较少的。即使有也都是以学术交流的形式比较多;对于专业技术、体育团队交流、体育教师理论提升学习的平台相对较少。其次就是我们学校目前各个体育教师真正能利用政策的不多,主要原因是信息的公开性不好,很多教师因不知道而错过培训机会;再有就是体育教师的课时工作量大,因为教学原因不能前往培训。"

以上我们可以看出,在学校支持教师发展方面,教师基本感到受重视,较为满意,但实践中仍存在培训机会不足、信息不透明等问题,制约教师成长发展。

2.请您谈谈本校在体育教师引进时主要注重哪些条件?这些条件在教师后续的成长中是否得到了显性的体现?

教师 28:"分两步走,理论方面对教师来说,主要看学科方向、求学经历,学校原则上是考虑博士,求学经历主要看第一学历,学校引进的博士最好要有海外留学经历,博士进来要看核心论文情况,我们学校有好几个层面的平台,教育部口的,访问学者计划,青年骨干教师计划,国内有合作关系,可以进行科研方面的合作,我们学院有一位法国国籍的外教,教术科。学校提供了很多的平台。"

教师 29:"我们学校在人才引进时,现在还是比较关注应聘人员的学历,正常情况下要求具有博士学位。但如果体育专业特长比较突出,硕士以上学历,一般也会考虑。

另外在人才引入后的后续培养来看还不是特别重视,一般博士进来后,学校对其考核指标的执行还不是特别严格，和同职称教师的要求一样。在后续培训方面也不是特别重视，记得有位学者说过，人受环境影响非常大，尤其是在搞科研方面，如果从一般学校进入科研氛围浓厚的研究机构，科研能力能被最大地激发，相反，如果从好的科研机构调入一般的单位，受周围环境影响，科研的产出大大降低。从全国高校体育师资这块来说，好像都不特别重视。学校对教师的人才引进跟风严重，只注重花重金引进，不愿意花点钱在培养上，对现有的教师进修培养，不应该只引人，不培养人才。"

以上我们可以看到，学校在引进教师时，更看重教师学历，部分高校缺乏对引进教师的后续培养。

3.您认为衡量能否出色完成所在岗位职责的标准是什么？

教师30："出色完成岗位职责的标准，特别是对于术科老师来说不好衡量，因为一般来说，评价老师的教学水平时主要看学生的表现吧，但牵涉到这样一个问题，如A班有位学生成绩本身就很好，在老师手里进步不是很多，但另一位B班老师的学生本身成绩不如A班学生成绩好，但经过B班老师的上课学习，进步很大。如果非要对两位老师进步比较，单纯从成绩来说，B班同学因为成绩进步幅度比较大，但A班学生一直很好，所以无法对老师进行评价。以我们现在的评价体系无法进行比较的。从我们体育教育专业的老师来说，老师本身技术不是很好，但教学方法很好，很会教，学生学习进步幅度很大，这也是教学能力的另一种体现，很能调动学生的积极性，所以以我们现在的评价标准是很难进行评价的。"

教师31："对于岗位职责标准的衡量，我觉得对于公共体育课老师有点难。因为教师评价首先体现的是教师的教学能力，但是目前我们评价教师的能力主要看科研，对教学评价不是很重视，教学评价又都以学生评价作为重要参考，从学生评教实施这几年的效果来说，我们很多老师认为完全没有参考价值。出现了各种不真实的情况，不能从根本上反映教师的教学能力。教师的职责衡量标准一般都能完成，单单就具体的分哪些方面就不太好分。"

教师32："这个问题对于体育教师来说，首先就是按照教学要求上好体育课，完成学院、学校分配的各项任务。从教学来说，因为我们单位现在是开设学生选修课，面对各个专业的学生，学生的体育运动能力及技术都有很大差距，我们知道现在的孩子都有很多爱好与特长，比如我们班就有很多选课时身体素质及运动技术都比较好的学生，但也有以前不爱运动的，这样给教师上好体育课造成了很大难度，既要让基础好的学生学到新知识，又要让没基础的学生保持学习兴趣。如果体育教师本身技术不好，可能导致基础好的学生学不到知识（因为体育课上体育教师的示范作用非常重要）。很多情况都需要教师课上灵活地安排，要尽自己最大能力完成教学，另外学院组织其他活动也要积极参加。教师是一个伟大的职业，要尽最大的能力做好教书育人。

对于完成岗位职责，我觉得作为教师，上好课应该是最主要的，此外就是作为我们这类学校，对教师的科研能力也很强调的，现在都提倡以科研促教学，对于岗位职责，那就是提高科研能力，保证教学质量了。"

以上我们可以看到，体育教师主要认为，完成好教学任务是最重要的履职尽责，同时也要注重因材施教，通过提升科研能力，促进自身教学水平提升，最终保障教学质量。

4.请您谈谈最关心体育学科成长中的哪些方面？

教师33："最关心的是，运动人体科学和体育经济学相关的领域，一个是怎么进行科学训练，另一个是怎么样得到市场方面认可，有更大的发展空间。

对于体育学科发展，我个人认为，应该根据我们学校的实际情况，扩大交叉学科的研究范围，充分利用我们周边的有利资源，来扩大我们学校自己的优势科目，比如我们学校目前在生命科学、生物医学方面研究能与体育的交叉或者说体育经济发展的大形势下，我们扩大与经济管理学院的合作，培养社会需要的体育产业经济的人才。另外，我觉得我们应该在基础体育这块加大投入力度，因为高校体育学科发展，基础必须扎实，大学生体育运动能力及运动意识的培养非常重要，应该加大对基础体育教师的培训及激励。充分调动体育教师的积极性，激发基础体育教师的工作热情，推动基础体育的快速提升。"

以该教师的回答为代表，我们能大致了解体育教师所关心的学科成长问题。

（四）体育教师对体育学科发展的期望

某些作者没有考虑到的问题，但访谈对象依据自己的工作经验及对本专业领域的了解，以及对体育学科发展的希望和感想，讲述了自己的真实想法，作者认为这些也具有重要的参考价值。因此，特作为单独一小节进行访谈呈现与分析。

1.对于此次访谈，您还有其他方面需要补充的吗？

教师34："我觉得很大程度上，我们国家的体育教学、包括体育在整个教育范畴来说，漏洞还是很大的。怎么提高呢？尽管体育文件规定体育不合格不能参加高考，但是从行政层面来说，上有政策下有对策，关键在怎样积极调动中小学生进行体育运动，想去从事运动，家长也接受这个运动的理念，如果有的学校体育课出现了学生运动损伤，家长不是从积极的正面角度去解决问题，而是直接来谈赔偿，一方面不利于小孩子的成长，另一方面也不利于学校体育教育的发展，比如学生数学考试没及格也去找学校赔偿。从专业的角度来说，整体来说大家对体育认识没有对艺术高，体育谈不上高雅，现在实际上还是有很大的改观，家长对体育锻炼的认识已经有所改变，但没有达到质的改观，需要时间，生存能力、工作能力都需要有好的身体。"

教师35："我觉得你的研究课题很能反映体育教师的心声。目前高校对体育教师的重视虽然较以前有了很大的提升，但整体来说还是处于不太重要的位置。对于我们这类研究型高校，体育在学校的地位还是处于打酱油的状态。这种状态首先主要是国家整个教育系统的导向问题，在高校办自己特色的同时，忽视体育基础教育的功能；其次高考的导向，家长不支持孩子参与体育运动，怕因为体育运动损伤影响孩子学习，体育运动时间被大量课外辅导挤占；再次就是长期的社会舆论导向，大家对体育的认知不够深入，误认为体育人都是头脑简单、四肢发达，殊不知体育人的很多优秀的品质在当下这种以团队发展为重要形式的时代，具有很多突出的优势。"

教师36："我们知道国外参加奥运会等国际大赛的运动员几乎都来自本国的高等院校。个人觉得我们也应该借鉴发达国家的成果经验，在高校办高水平运动队。这也就需要大量的高校体育教师，并且要具有非常专业的运动队组织管理能力。而且带高水平运动队的经历对于体育教师的成长具有非常重要的积极促进作用，通过参加国际大赛来扩大体育教师视野、经验等，从而推动本校的体育师资队伍整体水平的提高。虽然我国有些高校办有高水平运动队，并且有些高校的专业运动队取得了比较可喜的成绩，如北京大学，高水平运动队办得比较成功。可是，目前高校的高水平运动队数量不足。体育教师参加的机会不多。"

2.体育在高等院校的发展是否真正起到了领航的作用？

教师37："关于体育在高等院校是否起到了领航作用，从高等院校同事反馈过来的信息来说情况并不乐观，因为高等院校里面很少有体育学院的，很多都是体育部、体育系或者艺术教学部等，不太可能出现你说的引领的作用，如果你是校长，你愿意把钱投到能够体现学校综合实力的项目上去还是投到这个上面？当前的评价机制就是这样的。"

教师 38："这个问题我觉得很难实现。除非在专业的体育院校，其他类型高校基本不可能。第一，从体育发展史来说，体育是伴随着高校的诞生而出现的，但在漫长的历史发展中，体育在各类学校一直都处于这种不太重要的位置；第二，就是体育在高校的现实情况也如此，现在是网络信息时代，各个体育群体的信息交流也都反应体育在高校的地位不受重视；第三，就是高校的评价体系问题，领导的考核重点看业绩，高校主要以发展优势学科为主，在高校尤其在我们这类高校，体育不可能处于优势学科的地位，很多高校的部门设置都是体育部，我们知道体育部和体育学院的概念有很大区别，所以从学校体育部门的名称可见一斑。"

教师 39："领导的态度对体育的影响比较大，如果领导支持，学校财政就会向体育方面倾斜，如果体育学院的领导有着较强的组织能力，就会极大地增强体育教师的凝聚力，反之就会呈现一盘散沙的局面。"

以上我们可以看出，当前我国体育教学虽取得了一定成绩，但也有许多问题留待解决，国家和高校要加大对体育教学的重视力度，发挥政策的导向作用，大力培育强有力的师资队伍，从体制机制等方方面面推动体育教学和师资队伍的革新与发展。

（五）理工为主高校体育师资队伍中外籍教师聘任情况

国内知名、世界一流大学是理工为主高校的建设目标，国际化的师资构成是开始国际合作、开展国际教育、培养国际研究生的重要保障，较高的国际师资比例是全球招聘师资队伍的大学的共性之一，如我国香港科技大学，其外籍教师比例高达 65%，而我国内地排名前十的高校，其长、短期外籍教师占教师总数的比例一般为 5% 左右，大部分高校为 2% 左右，且多为语言类教师。

从查阅各个理工为主高校体育部的网站和本次调研中了解到，理工为主高校的体育师资队伍中，外籍体育教师比较少，只有几所学校的体育师资队伍中有外籍教师或者是以交流方式补充的短期的外籍体育教师。绝大部分的理工为主高校体育师资队伍中缺少对外籍体育教师的招聘及管理意识，我国理工为主高校的绝大部分学校都有留学本科生、研究生，理工为主高校的公共体育部都开设了本科必修课程和研究生的选修课程。但从统计结果来看，体育教师的英语水平还有待提高。首先，这关系到留学生的体育教学质量问题；其次，作为理工为主高校的体育师资队伍，应该是能够满足各个学科发展、满足不同国籍学生求学需求的团队；再次，随着体育教学、训练及体育产业与体育国际交流的逐渐频繁，对体育从业人员及体育工作者提出了更高的要求：他们需要具有很好的沟通能力，才能有效地获取体育相关专业的前沿信息，及时掌握体育前沿的发展动态，而这无论对于体育的教学、科研还是体育产业的发展，都具有极其重要的推动和促进作用。但从研究者本次的调研来看，我国理工为主高校的体育教师队伍缺少外籍教师，作为培养国际一流大学的理工为主高校的体育教育，无论从体育师资队伍的学缘结构来看，还是体育师资队伍的整体发展，都有很多需要完善的地方。因此，理工为主高校体育院（部）聘请外籍教师开展体育教学具有非常重要的意义。

外籍教师在聘任时的"入口关"要把握好。外籍教师虽然具有语言方面的优势，但马敬华等学者的调研结果显示，外籍教师中对于教育专业知识能力、教师基本功、职业技能的掌握普遍存在不同程度的欠缺。特别是教育理论和教育经验较薄弱。60%的外籍教师没有学过教育学、心理学及教师职业技能等课程。所以高校管理者在外籍教师引进、聘任期要把好关；另外由于语言环境及文化背景不同，引进后要加强管理，同时要营造好的人文环境，充分激发外籍体育教师的工作热情，充分发挥外籍体育教师的资源，提升理工为主高校体育教师队伍的整体水平。

第五章 理工为主高校体育师资队伍管理的问题及成因分析

从第四章实证调研资料可以看出，体育师资队伍建设的核心问题是对体育教师进行管理。史万兵教授认为，高校教师管理的关键作用是对教师个体和由教师组成的各种群体活动的管理，其目的在于优化师资队伍，提高教师个体和群体的劳动效益，包括教师的资格审定、甄选与录用、考核、培训等方面。本章依据高校师资管理的主要内容，从两部分对体育师资队伍现存问题及成因进行分析。一部分主要是在占有实证调研资料的基础上，总结、提炼理工为主高校体育师资队伍管理过程中的问题；另一部分针对提炼的问题，依据本书的理论分析框架进行成因分析，为今后加强理工为主高校体育师资队伍管理、完善制度建设提供重要的参考。

第一节 理工为主高校体育师资队伍现存问题

从调研的资料分析来看，体育师资管理虽然较以前有了很大的改善，但是，同样存在问题与不足，有些问题虽然并不十分突出，但为了体育学科的发展及体育教师队伍的管理更加完善，仍然需要加以修正及反思。通过归纳总结，主要有以下几方面的共性问题。

一、体育师资队伍结构失衡

分析高校体育人力资源分布是否合理，对减少人才资源的浪费，提高管理效率具有重要作用。通过问卷统计分析总结出，理工为主高校体育师资队伍的结构还存在诸多问题，对体育师资队伍的发展具有严重的制约作用。体育师资结构失衡问题主要表现在以下四方面。

（一）体育师资队伍师资总量不足及学缘结构单一

1. 体育师资总量不足

问卷调查显示，体育教师工作量比较大。从1999年高校扩招后，高校学生人数急剧增加，比较突出的问题是体育教师数量不足。按照教育部规定，高校体育教学中，每堂体育课学生人数不能超过35人，但作者在通过调研及多次参加体育学术会议、与不同高校体育教师交流了解到，当前高校公共体育课学生数，大部分都在50人左右，远远超出教育部的规定，教师学期课时总量也高出每学期144学时的规定。以上信息充分说明，高校体育师资队伍教师数量不足。比较明显的是访谈中的个案Y大学，从2000年的体育部专任教师54人，到2015年教师总数没有变化，但Y大学的总招生人数却增加了近万人，体育教师的教学工作量比较大，体育师资数量的不足对于教师进行科学研究及教学质量的提高都具有阻碍作用。

2. 体育师资学缘结构单一

理工为主高校体育师资学缘结构单一，存在严重不科学和不合理现象。学缘结构是指一所学校全体教师最终学历的毕业学校的构成状态。作者通过调研了解到，体育师资队伍中，本科学历教师或通过在职进修获得硕士学历的教师占比高达83%以上，所以，本书的学缘结构主要分析体育教师本科的来源学校。通过调研数据显示：本科毕业于沈阳体育学院的体育教师占24.1%；上海体育学院毕业的体育教师占22.9%；南京体育学院毕业的体育教师占21.7%。其他的主要来源于各大综合类院校及师范类院校的二级体育学院。体育教师同缘现象比较明显，这是我国高校体育师资队伍中普遍存在的现象。比如：有的大学本市体育学院毕业生总数占调查总人数的40%左右，有的大学本市的体育院系毕业生占到调查大学体育师资总数的50%以上，有的大学本市的体育学院毕业生占了调查总数的60%，甚至有的高校体育教师的同缘性都在70%左右。而在欧美国家，教师的来源是多样化的，据不完全统计，高校教师来源于同一学校的最高比例不超过30%，而且，声望越高的大学，比例越低。来源广泛的学缘结构不仅是科学技术发展趋势的需要，更是现代社会化大生产对高校教师的客观要求，融合了多种学术思想、科研风格和科研方法论。

（二）体育师资队伍专业优势得不到发挥

1.所学专业与所教专业不符

关于制约高校体育师资优势项目发展的问题：首先，从统计的结果来看，理工为主高校体育教师的专业特长还存在很多与高校开设课程不相符的地方。我国的基础体育项目有足球、篮球、排球、乒乓球、羽毛球、网球、田径等。但是，这些师资力量优势的学科，在当下高校选课课程中，却不见了身影。取而代之的是新、奇、特的流行体育项目。导致很多基础项目的老师没有课上，为了完成工作量，被迫开设自己专业以外的课程。有老师谈道："现在高校的体育教师招聘存在'跟风'现象，很多西方的体育项目不断进入高校，导致我们现有的体育师资不能满足学生的学习需要，如目前高校的田径课、体操课几乎都取消了，这些作为基础大项，体育师资的整体实力比较好，但因不能满足学生的选课需要，很多老师只能转项，去开设本身并不太擅长的运动项目。这也使高校存在非常严重的体育资源浪费现象。"我们知道，只有专业的师资队伍，才能从专业的角度对学生进行体育教学、运动辅导，可见学校开设体育课程忽视了体育资源的重要性。

2.体育教学配套设施短缺

调研中发现，部分理工类高校没有完备的体育运动场地，不具备现有师资开设的课程的条件。其中，一些高校虽然引进了高尔夫、网球、橄榄球等专业的老师，但是学校没有配套的场地器材。所以，体育教学配套设施短缺，导致一些专业课难以开设，体育教师即使有再优越的专业优势，也难以发挥在具体的教学中。

3.课程开设脱离体育师资专业

从访谈中了解到，当前很多高校，实行了自主选修课，但课程的设置不是依据现有的体育教师资源，而是迎合了现代的发展潮流。进而导致很多基础项目的老师（如田径课、体操课）开设的课程没学生选的情况，很多体育教师没有办法，只能自己到外边的培训班简单地进行十几天的培训，回来就开设新的选修课程。所有这些，对学生的健康培养不利，高校应该针对本校教师的实际情况开设课程，或者有针对性地外派教师系统地学习新的运动项目，既可提高教师的教学水平，也可改善大学生的身体素质，又可培养学生兴趣。

作者认为，在全民健身的大热潮下，应该大力开展有关运动损伤与康复治疗课程以及具有地方特色的体育运动项目（比如东北的冰雪运动、南方的水上运动）等，但是这些项目都没有相应的体育师资队伍作保障。这些问题看似不突出，甚至有些问题比较隐形，但对体育教育的基本功能——服务社会，培养社会需要的专门人才，具有很大的制约作用。其实我们国家的基础体育运动项目具有足够的体育师资力量，应该发挥体育教师的自身资源优势，从基础体育项目开始，回归基础体育教学内容，培养学生终身进行体育锻炼的习惯，使学生至少要掌握1~2项终身受益的体育项目，改善目前我国大学生体质普遍下降的问题。虽然近几年国家教育部及国家体育总局多措并举，使大学生体质有所提升，但还没有真正达成体育大国的目标。

（三）体育师资队伍高层次人才缺乏

1.学历达标率低

通过调研统计可以看出，理工为主高校体育教师学历达标率不高，在调研的83人中，具硕士学位的占37.3%、博士学位的占13.2%。据2013年教育部的统计数据显示，高校专任教师中具有硕士、博士学位的占54.9%，这与发达国家高校教师80%以上具有博士学位的情况相比差距悬殊。理工为主高校体育师资队伍学历结构明显低于我国普通高校专任教师的比例要求。博士是高水平大学学术发展的必要条件，也是高校教师科研能力的中坚力量，但从调研的结果来看，体育师资队伍里缺乏高学历人才，对我国高校体育学科的发展也具有严重的制约作用。我国理工为主高校体育教师队伍现状不容乐观。我国教育部早在1999年的《关于新时期加强高等学校教师队伍建设的意见》中就提出了高校教师学历结构的"836"要求，即教学型高校的教师队伍中要有60%以上的教师具有研究生学历，而教学研究型高校的教师队伍中要有80%以上的教师具有研究生学历（其中30%以上的教师要具有博士学位），但是现阶段体育教师的硕、博士学位占比都低于教育部的规定。另外，国外著名大学的情况是，美国大学的教师必须是经过博士后训练才可担任，德国高校的教师必须取得博士学位，日本大学助教也要求具有博士学位或正在写博士论文。以上分析足以说明高校体育教师学历问题对体育学科发展的制约作用。

2.职称结构失衡

职称结构在一定程度上反映了教师队伍的学识水平和胜任教育教学工作的能力层次，也是衡量学科层次和人才培养层次的重要尺度，合理的职称结构对体育教师队伍建设具有极其重要的意义。调研的数据分析显示，理工为主高校体育师资队伍高级职称教师比例不足，出现了中间大、两端小的"橄榄球"结构。教师职称集中在副教授岗位的，占54.6%，三级副教授占31.3%。

教授虽占教师总数的21.1%。但高水平的教授数量太少。学科带头人紧缺，骨干教师队伍新老交替形势严峻，提高教师队伍整体素质实力乃当务之急。

3.职称晋升难度大

通过调研理工高校发现，体育师资队伍中副教授职称的教师基数大，其次是十级岗位讲师占比13%，所以就出现了访谈中年轻教师评职称难的问题。当前，评审副教授比评审教授难的问题对于体育师资管理比较棘手。如果管理不好，很多教师的积极性将严重受挫，会出现一系列的消极现象，比如有些教师虽然非常努力，但由于要论资排辈，长期排不到自己晋升，从而出现放弃职称评审的情况。对此，有些体育教师选择消极解决，导致体育教学效果差，严重地制约体育学科的健康有序发展。

通过以上对问题的归纳可以看出，理工为主高校管理要从战略高度做好规划，就必须通过引进人才、培训人才、激励人才等多种管理手段，尽快改善目前体育师资队伍中的结构问题，进而改善体育师资队伍的整体实力，推动体育学科发展。

（四）体育教师科研能力薄弱

1.外语应用能力限制高校体育教师科研宽度

外语应用能力作为高校教师进行科学研究的重要手段之一，在教师学习国外先进的成果、教学经验及学术交流时都是必不可少的。通过本次统计的结果可以看出，理工为主高校体育教师的英语水平普遍偏低，被调查对象中有21人的英语基础薄弱，无法进行教学、科研工作，占25.39%；有24人能进行简单的阅读，但需要翻译软件的帮助，不能进行外文写作，占28.9%。

并且，统计得出，外语基础较好的体育教师在40岁以前发表的论文最多，达到人均年发表量12.5篇，说明年轻教师的科研能力比较强，且高质量论文较多的原因可能是年轻教师比较善于应用外文资料进行科研工作。30~40岁之间，能熟练应用外语的体育教师论文发表量呈持续上升趋势，说明外语对体育科研的帮助很大。而外语基础较弱的教师发表论文的年龄多出现在50~60岁之间，这部分老师多数具有高级职称，科研经验丰富、教学理论基础深厚，才摆脱了外语的掣肘而使论文成功发表。

2.统计软件的应用能力限制体育教师科研深度

信息时代，完成高质量的科学研究需要先进的现代手段来保障，统计软件在体育科学研究中得到了广泛的应用，各种回归分析、模型的构建等对体育科研的深入开展具有极其重要的作用。从本次调研问卷调查到的理工为主高校体育教师对统计软件的应用及掌握情况可以看出，基本掌握统计软件应用的体育教师论文发表量最多，占47%；有19位体育教师能够熟练地应用统计软件，占22.9%；不太熟悉统计软件的发表论文最少，占9.6%。从整体来看，应用统计软件进行科学研究工作的体育教师不多。基本掌握计算机统计软件应用的最高点出现在40岁以前，这也说明年轻体育教师计算机能力较强，科研能力也较强。整体看年龄较大的体育教师应用统计软件的能力不如年轻的教师。

出现上述问题的原因可能是由于体育学科的特殊性，很多教师发表论文不需要进行实证研究，多数以教改论文为主，运用了教学经验的总结、教学方法的改进等。但是从统计分析得出，统计软件的应用能力对体育教师的论文发表有很大的帮助。科研能力强的体育教师大部分基本掌握计算机的软件统计的应用。可见，外语和计算机作为科研工作的重要工具，无法掌握它们将造成体育教师科研能力长期在低水平徘徊，并且严重影响到体育教师进行科研工作的深度和广度。

二、体育教师个体认知存在差异

（一）认为教学重于科研而导致科研成果不多

通过访谈了解到，绝大部分体育教师从个人认知上还认为体育教学重于体育科研。更多的体育教师从体育教学中的感受谈起。他们更多强调的是如何上好体育课，比如在课上要有专业的理论基础，更要有准确、漂亮的示范动作。重视的是对学生运动兴趣的培养，进而强化自身应该具备的教学能力、组织能力及教学的理念等。也有教师强调了研究型高校体育教师与其他专业教师的区别较大，认为科学研究对大部分体育教师是弱项,但科学研究又必须具有深厚的理论功底,不是一朝一夕能突破的,要下功夫才能取得理想的研究成果。

(二)认为科研对教学促进效果弱

理工为主高校体育教师对自己在能力提升方面的认知有以下三点:首先是认为专业技术必须要过硬;其次应该区别于竞技体育师资队伍;再次就是体育教师除了具备教学能力外还应该具有组织训练的能力(比如带高水平运动队),并认为自身需要提高的方面主要是紧跟自己的专业发展,不断提升教学技能。另外就是在国际化的背景下,要提升外语能力。而这些教师大多未将科研工作纳入自身成长发展中,认为其对教学促进效果较弱。

(三)自身存在惰性

在调研中发现,大部分体育教师根本不关心体育学科的发展,他们只管教学,对科研和学科发展基本不考虑。另外,科研工作离不开脑力劳动,而体育教育又以运动为主,他们已经习惯了运动式的教学,并不愿意坐在电脑前冥思苦想,长此以往,他们自身产生了懒惰的心理。这些也导致了理工为主高校体育师资队伍科研产出的不足和低效率。

三、体育师资队伍评价机制不完善

高校对教师的考核评价的目的是评价教职工的思想品德表现和工作业绩,从而进一步调动教师的工作积极性,发挥绩效津贴分配的激励作用。并将考核的结果作为专业技术职务评聘、岗位聘任及绩效津贴、评优评奖和处罚的重要依据。关于工作考核的问题,很多老师谈到一个共同的问题,就是评价制度的制定与执行存在问题。在评价指标的制定上还需要结合体育教师的实际情况,有针对性地制定能够激发体育教师工作热情的、适宜的考核指标。

(一)职称晋升指标考核标准不科学

从本次调研来看,理工为主高校体育教师的科研评价机制问题比较突出。通过访谈资料整理发现,几乎所有的受访对象都有一个共同的想法,就是体育教师职称晋升比较难。虽然有各种各样的原因，比如评审初级岗位，也要求通过外语、计算机、教师资格证、普通话考试，才具备评职称条件，但对于评审副教授一致发声"难"，甚至比评审教授都难，使作者深感"呼声沉重"。究其原因，作者认为，主要是当前的高校评价机制问题，因为导向就是重视科研，过分地突出科研在高校的地位，导致很多体育教师松懈了自己的专业优势，而投入到不太擅长的科研工作中。并且，很多体育教师进行科研工作是迫于考核晋升的压力。

（二）体育教师考核评价指标不合理

从访谈对象的叙述来看，大学体育部都根据学校的文件制定了本部门的考核指标，但因为标杆高，所以有些条件也存在不适应性。在此，我们以教学考核为例进行说明。在教学考核中，存在考核指标难以量化或量化不清楚的问题。教学考核主要看中教学工作量、教学成果，对于教学成果的评价，目前大部分高校都在实行学生评教考核的办法，但通过实证分析，学生评教在理工为主高校效果不太理想，大部分体育教师认为学生评教的科学性有待验证，比如有的老师说："有些老师为了得到学生的高评价，就故意在教学中'放水'。"甚至有的老师说："我觉得这种评价一点意义都没有。"据作者了解，很多高校的学生评教，因为教师反对的声音比较大，最终不将其作为重点的考核指标，只是作为参考，而又找不到其他评价教学成果的方法，只好注重"科研成果"。

四、理工为主高校对体育师资重引进轻培养

（一）未做到人尽其才

高校在体育教师人才引进方面，一般分"科研型"和"运动型"两种。对于"科研型"人才的引进条件为重点考察应聘教师理论方面的能力（主要从学科方向、第一学历、代表论文等）；对于具有博士学历和有海外留学经历的年轻教师或者学科带头人或符合条件的高级人才，给以安家费、科研启动费等待遇；对于"运动型"人才，主要考察体育教师的运动能力，一般的招聘条件是具有"运动健将"及以上成绩，并且要研究生以上学历。可以看出，高校对体育教师的引进高度重视，并且更重视引进高学历、高运动水平的体育人才。但是，引进的人才并没有被放在合适的位置，这些人才并没有发挥其自身专业优势。有的高校将体育教师

人才引进后,并没有重用这些人才,而是给这些教师配置原教师不愿意上的课程,甚至有一些高校让这些引进的人才从事管理服务工作。

(二)忽视体育教师的再培养

人才引进后忽视培训,存在"高招不培"的现象,花费很高的物力、财力引进人才后,在后期由于缺乏培养和监督,科研型体育人才后期的产出成绩不明显。运动型人才引进后期的产出效果还是比较明显的,大部分都在带运动队。但久而久之,随着教育教学的变革,教师如果不进行知识更新,很难跟上体育教育的发展。而大多数理工为主高校都不重视体育这类"小学科"的发展,因此更不重视体育教师的再教育和再培养。体育教师依靠"吃老本"教学,这带来了极大的弊端,一方面,体育教师的教学效果可能达不到教学标准要求;另一方面,体育教师总是以自己读书学到的知识教学,便逐渐对体育教学失去兴趣和激情。所以,理工为主高校忽视体育教师的再培养制约体育教师自身的发展。

五、高校领导决策影响体育师资队伍整体发展

无论是问卷调研还是访谈分析,整体看来体育教师认为当前理工为主高校的教学环境都有比较大的改善。但很多老师表示,领导因素对体育学科地位影响比较大。

(一)高校领导对体育学科的重视程度

领导对体育的重视程度很大程度上决定了体育学科在高校的地位。很多体育教师谈到,感觉体育学科地位在高校"边缘"的原因与领导有密不可分的关系。很多体育教师因为收入低,所以感觉地位也不高。还有教师谈到体育学科在高校地位的提高与国家对体育的大的政策导向有很大关系。通过访谈资料的整理可知,关于高校对体育教师的重视问题,体育教师总体感觉还可以,但感觉高校领导对体育院(部)的重视程度与其他专业还是有区别的。领导的能力对体育学科的发展和体育教学的培养影响非常大。在体育教师培训方面,存在"接口"不完善问题,也有信息公开性不好等现象。可以看出,如果领导高度重视,体育学科就会得到学校人事、财务、教务、学科发展等相关职能部门的重视,从而得到良好的发展,相应的体育教师也会得到重视,这势必惠及体育教育队伍建设。

（二）体育学科在高校领导决策中的地位

高校领导决策影响着学校学科的发展重点和发展方向，因此体育学科在学校能否被重视、能否得到良好发展大部分取决于其在高校领导决策中的地位。体育在高等院校中的地位，从高等院校同事反映过来的信息来看都不理想。

六、高校存在很大的资源浪费问题

体育教师是推动高校体育发展的重要人力资源之一。对其进行管理的目的就是发挥体育组织的最大效率，但从访谈了解到，理工为主高校体育人力资源浪费现象，主要表现为体育教师的资源外流。

调研了解到，目前一线城市的绝大部分体育教师有兼职工作，都有非常不错的收入，通过访谈得知其主要原因是学校的激励机制没到位。首先，目前很多高校体育教师的评价机制主要以科研成果为参考标准，对于体育教师来说，由于体育很难获得重大项目指标，因此很多体育教师的收入就是基本工资，在目前物质丰富的环境中，很多教师是因为经济压力出去兼职。其次，有的教师是因为评价标准太高，认为自己努力很难达到评价标准，因此放弃科研追求选择到校外兼职。再次，还有大部分教师到校外兼职的主要原因是自己有非常出色的运动技能，但是由于高校用人机制的问题（如有的高校安排退役的奥运冠军在体育部搞后勤，奥运冠军多年训练的宝贵经验及高超的技术水平没有充分发挥的舞台），没有得到充分发挥，浪费了体育人才的宝贵资源。

目前很多高校的高水平运动队的待遇有待提高，应该考虑充分利用现有资源，创造适合体育教师的成长环境，使其充分发挥自身优势项目。再有就是目前高职称对年轻教师的吸引力还不够，很多教师谈到，一个周末的收入比教师职称的月收入多，导致很多年轻教师宁愿利用业余时间到校外兼职，例如宁愿自己办企业等，也不愿意把业余时间用在体育教学、科研上。

第二节　理工为主高校体育师资队伍现存问题成因分析

尽管各个高校存在的问题及其成因不同，但本书以体育师资队伍的结构（计划制订、聘用管理、体育师资培训及人才开发）、评价机制（教学评价、科研评价及职称晋升)、激励机制(物质激励、精神激励)三部分为问题分析的切入点,对高校体育师资队伍管理的共性问题进行深度剖析。

一、由于高层决策不利导致体育师资队伍结构失衡

本节第一部分的分析可充分说明理工为主高校体育师资队伍无论年龄结构、职称结构,还是学历、学缘结构问题都比较突出。师资结构和高水平大学的发展目标有较大的距离,是个亟待解决的关键问题。对其成因进行分析,对于理工为主高校进行体育人力资源管理具有重要的参考价值。

(一)体育师资队伍规划的顶层设计不足

高校体育师资队伍规划既是个老生常谈的问题,又是具有战略高度的重大问题。战略规划的核心是领导者要充分考虑环境因素对组织或系统运行的影响。高校的师资结构是学校发展的基础,合理的体育师资队伍结构不仅关系到体育学科发展的方向,还关系到培养身体健康的大学生的质量,更关系到建设体育强国目标的实现。对于历史原因造成的体育师资队伍存在结构不合理的现象,高校管理者应该从学校发展的战略高度出发,组织适合理工为主高校的体育师资队伍结构。关于理工为主高校体育师资队伍结构失衡应该从性别结构、学历层次、学缘结构和职称晋升四个层面分析。

1.体育师资队伍男性教师比例偏大

通过调研发现,在理工为主高校体育师资队伍中,男性体育教师所占比例偏大。造成男女体育教师比例失调的原因,一方面是历史原因,由于传统的就业歧视,很多高校在教师招聘时有意减少女体育教师的人数;另一方面,体育专业的特殊性决定女教师先天的劣势也是重要的影响因素之一。但这对于体育学科发展来说是不利的,如当前流行的体育舞蹈、瑜伽、普拉提及健美操等以技巧或技能为主的教学内容和项目的开展,对于女性教师比较有优势,教学时要求动作细腻,特别强调节奏感和韵律感,适合女性体育教师来完成,对于男教师来说难度相对较大;而对于田径、球类等体能类专业女性教师则毫无优势,无论在身高上还是在身体素质上都与男性教师有差距。而体育教师比例失衡不利于体育师资队伍整体良性均衡发展。所以学校应加大对女性体育教师的招聘力度。

2.体育师资队伍学历层次相对较低

作者认为,造成我国理工为主高校体育师资学历上差距明显的原因主要有以

下三方面：第一，由于历史的原因，人们对体育的认识存在问题，认为体育教师不需要学历，只要体育成绩相对好些，就可以胜任体育教师工作，造成了高校在招聘人才过程中，对体育教师的学历要求比较低，使得很多专科学历的体育教师进入高校，后来经过在职进修才获得了本科或更高的学历，并且时至今日，很多高校在招聘教师时对体育教师的学历要求也低于其他专业教师；第二，是政策导向原因，从1999年高校开始的大规模扩招导致体育教师严重不足，很多高校为了完成教学任务，大量引进了本科学历教师；第三，是体育教师自身原因，一部分教师的知识结构不能适应高等教育改革发展的要求，如许多高等学校的教师仅局限于较为全面地把握和了解本学科的知识，对其他学科知识知之甚少或者根本不了解，难以适应多学科交叉和交融发展趋势的要求。另外，多媒体技术和计算机网络技术的应用，使传统的教学方式发生深刻的变革，这就要求高等学校教师必须掌握现代信息技术和以现代信息技术为基础的现代教育技术，而这恰是我国高等学校体育教师在知识和能力上的一个薄弱环节。

3. 体育师资队伍学缘结构单一

对理工为主高校体育师资队伍学缘结构存在的问题进行归因分析就会发现其成因主要是历史原因。受社会文化的影响，我国体育师资队伍建设走过了漫长的建设时期，体育师资队伍建设的起点较低，体育部门在一些理工为主高校只被看成一个教学单位，多数是从原来的公共体育教研部发展壮大。加之长时间的用人机制认识错误，认为留用自己的学生可以通过情感教育便于管理，造成高校体育教师学缘面不宽，"近亲繁殖"现象比较明显，对理工为主高校的体育师资队伍建设产生了消极的影响。

通过以上分析可以发现，理工为主高校体育师资队伍学缘结构与高水平大学发展差距较大，体育师资队伍学缘结构单一，"近亲繁殖"现象较其他学科明显。体育师资队伍学缘结构中没有外籍教师的加入，具有博士学位的教师数量少，远远没有达到"世界一流大学"的发展水平。虽然近年来，很多高水平大学严把引进人才的"入口关"，在一定程度上改善了学缘结构、学历层次等一些不合理的现象，体育师资队伍的同质性有了明显的改善。但通过访谈调查得知，我国高水平大学的体育院（部）系，师资队伍中对于外籍教师的聘用还没有引起相关部门领导的重视，体育师资队伍中的外籍教师聘任一片空白。体育师资队伍的发展有其成长的过程，从目前抽样调查的结果来看，还不能满足实际发展的需要。还需要在今后的发展过程中,经过各个方面的努力,使我国高水平大学的体育教师队伍建设跟上时代发展的步伐。

4.职称晋升难导致体育教师的职称较低

对于理工为主高校体育教师职称结构问题,本书认为主要是现行的职称晋升评价指标不合理造成的。自从2002年施行职称分级后,体育教师职称队伍出现了中间大、两端小的"橄榄球"形状结构。职称都存在三级副教授、十级讲师级别。由于高校编制限制,教授的名额有限,无形中提高了晋级教授职称的条件,出现了大批的副教授晋级困难。从积极方面看,在一定程度上促进了一部分副教授能够通过自身努力,达到教学、科研的评价指标晋级教授职称;但是消极方面,由于现行评价指标要求过高,一大部分副教授晋升难度较大,自身又由于教学、家庭等多方面的因素影响,渐渐地对评审教授失去了信心。造成以上问题的原因主要由于管理者对体育群体的关注度不高,从而导致评价指标的激励作用失效;另外是体育教师没能激发自身能量,没有通过不断地学习提升个人能力。

职称结构合理是高校教师组织整体素质优化的表现。因为,职称一方面是个人的学术水平、工作能力的代表,它应与每个教师的职责、水平与能力相一致;另一方面是学校学术梯队建设好坏的反映,职称结构应与学术梯队的建设、与学校的定位相一致。所以,各高校教师的职称结构一定要与教师的水平、能力相匹配。

通过以上对具体问题的分析发现,我国理工为主高校体育师资队伍存在结构性问题的主要原因有两点:第一是高校对体育师资队伍的管理观念问题,缺乏战略规划性或者说是对体育队伍的重视不够;第二是政策的制定不合理,没有关注到体育师资队伍的实际情况。

(二)体育师资的人才引进机制不健全

体育教师的资源规划问题在理工为主高校体育师资队伍中表现得比较突出。体育教师作为支撑高校体育教育的要素,无论对推进体育学科发展还是体现高校的体育教育实力和水平,都是十分重要的。高校体育教育的本质就是培养体质健康的优秀人才,这一切都离不开高校体育教师的教学、科研能力。那么怎么才能保证高校具有一流的体育师资队伍呢?目前学术界公认的是严把"入口关"作为引进教师的前提条件。问卷统计与访谈结果都充分反映出人才招聘方面存在的现实问题:当前,理工为主高校的体育师资队伍在"入口关"的随意性比较大。虽然有的高校已经接受过当前的人力资源管理的理论指导，为了招聘到岗位需要的人才，真心实意地广撒网，在万里挑一地招贤纳士，但是从访谈到的信息反馈结果可以看出，总体上理工为主高校引进人才的随意性较大。

1.高校人才引进政策执行出现偏差

高校人才引进政策执行僵化。作者在访谈中了解到，大学体育部的计划由高校统一制订，每年给到体育部的名额有限。但在实际的招聘过程中，却存在很多不如意的情况，相关教师认为，"我们计划招收武术老师，但今年或是因为来应聘的老师学历不满足应聘条件，或是因为来应聘的老师技术能力考核不达标，从而没有完成招聘计划，那么明年高校给体育部的名额可能也不会增加，这样大学体育部就不得不降低招聘条件以求完成招聘计划。"由此可见，高校在引进体育教师队伍时缺乏一人一议等弹性引进机制，带来的后果是引进不到与政策要求完全一致的人才，并且还会使相对较好的人才流失。在人才引进方面的僵化不利于体育师资队伍的管理、建设与发展。

2.体育师资高层次人才先天性不足

由于体育专业学科及教师的专业性和特殊性，体育师资高层次人才先天性不足。专业教师认为，"我们学校目前在体育师资方面比较缺乏高层次人才，尤其是高学历、高职称的学科带头人。但是目前整个体育界高学历、高职称的人才都比较缺乏，这在招贤纳士方面体现得非常明显。"虽然2011年年底，教育部启动了新的"长江学者奖励计划"，华东师范大学的季浏教授成为体育学科首位获得该殊荣的人，实现了体育学科高层次人才零的突破。但从2011年至今，我国体育长江学者只有3人，院士、杰青等人才几乎没有，这样就不得不矬子里拔将军，降低了高校制订的战略发展规划要求。

3.大学体育部自身科研环境局限制约高层次人才输入

理工为主高校的体育部或者体育学院的自身科研环境有限，体育教师科研氛围不足，这就不能够吸引更多体育专业的高层次人才前来发展，因此制约了高层次人才的输入。一些教师认为，"我们学校教师科研团队相对较弱，很多真正有能力的应聘者都不愿意来。"可以明显看出，理工为主高校的体育师资队伍建设在"入口"方面还存在很多问题，体育教师招聘前期准备不足，在招聘政策执行上，弹性比较大，或者说是随意性比较大。招聘录用也是高校人力资源管理的基础工作，高校教师从业是有一定的学历和能力要求的。招聘的过程就是不断甄选淘汰的过程，招聘的标准、方式甚至招聘人事专员的水平，都将会影响到人才的录用，对能否招聘到优秀教师都很重要，决定了教师的素质和管理绩效。

（三）体育师资职后培训机制有待提高

理工为主高校在引进体育师资队伍后，缺乏对体育教师入职后培训和职业再教育，这主要是由于其培训机制及考核制度有待完善。

1.培训和职业再教育不足

通过调研发现，部分理工为主高校体育教师人才引进的条件非常高，引进的都是优质资源。但是，很多能力突出的体育人才引进后，由于体育院部本身缺乏团队的科研氛围或者是一些激励机制不到位，造成了很多优秀体育教师除了进行正常的教学外，其优势发挥乏力的现象。对此，高校可以借鉴国外一流大学的成果经验。比如，国外很多高校以评估机制来促进教师教学、研究或服务水平方面能力的不断提升，各高校根据自身的学校发展战略，制定较为科学的评估指标体系，使之规范化、制度化，并且与教师的去留、职称晋升、薪金待遇挂钩。随着知识的更新和教学手段、方式、方法的变化，无论引进的体育师资当时多么优秀，其自身知识水平都会滞后于当下的教学要求。如果缺乏体育教师的培训或职业再教育，将在一定程度上影响体育师资队伍的整体水平。

2.体育师资队伍的培训流于形式

理工为主高校的体育师资培训机制存在很多问题，高校管理者在教师培训方面组织不力，对师资培训缺乏长远规划，不能很好地规划重点培训、长远培训与应急培训的关系，培训内容简单，多以岗前培训为主，忽视教师后期的培训。培训的针对性不强，对于体育师资队伍中普遍存在的外语及统计软件应用方面能力弱的问题关注不够，大学体育部应该针对本部体育教师的实际水平，组织多种形式的培训，为体育教师创造良好的学习环境。调研中发现，有一些理工为主高校对体育师资队伍的培训重视、管理不到位，一是培训内容与教学脱钩；二是培训管理松散，导致有的体育教师不积极参加；三是培训的连续性不足，很难达到预期培训效果。教师的教育培训和再发展也是高校人力资源管理的重要环节，既是学校建设发展中不可忽视的环节，也是高校人事部分的重点工作范围，教师的教育培训被视作自身发展和学校实力的重要条件，决定着高校人才战略的实施和发展，影响着教师资源整体水平的提高，同时也影响着教师队伍的稳定，高校一定要重视。

（四）体育教学中新媒体技术应用滞后

1. 缺乏对新媒体教学技术使用的观念

虽然我国已步入信息化时代，但体育教师的教学手段依旧比较单一。大部分体育教师还是采用传统的体育教学模式，对现代教学手段的运用不多。究其原因，一方面在于体育教学的特殊性，因为体育教学都是在室外场地进行；另一方面在于高校多媒体的配套设施还没有满足体育教学的需求。如果在运动场地的周边安装好多媒体教学设备，体育教师再根据每次课的教学安排，运用多媒体的多方位成像功能，实现三维立体的示范教学效果，对学生理解、掌握技能都具有积极的作用。在讲解比赛规则的时候，体育教师可以通过电子技术，呈现给学生最直观、真实的案例，加深学生对体育运动项目的理解，培养学生的运动兴趣，这对学生终身体育意识的培养具有不可替代的作用。

2. 教学中缺乏新媒体教学技术手段

2010年我国颁布教育规划纲要，把教育信息化纳入国家信息化发展整体战略，超前部署教育信息网络。2013年我国明确把教育信息化作为推动中国教育改革的重要内容。一个合格的体育教师，不仅要有过硬的教学能力和扎实的运动技能，还要具有现代教育观，作为理工为主高校的体育教师，使用多媒体课件是基本的教学手段之一，在"互联网+"时代，无论是作为高校的领导者还是体育教师，都应该高度重视学科的发展与社会发展的同步性，但从本书的调研来看，无论是体育教育的领导者在体育硬件的配套设施上的意识，还是体育教师队伍的多媒体实际应用能力都没有紧跟时代的步伐，体育学科的发展没有从软件、硬件的配套设施上得到充分的支持。

二、由于职能部门定位不准导致体育师资队伍考核评价机制不科学

制度是否与时俱进、是否适应当今社会的发展，这是关系到教师积极性发挥的主要因素。在理工为主高校体育师资队伍的考核机制上，目前尚存诸多不完善之处。改革完善高校教师考核评价制度，是深化高校人事制度改革、建设高素质专业化队伍的迫切需要。近年来，虽然各地各高校积极探索教师考核评价改革，积累了不少经验，取得了一定成效，但仍然存在教师选聘把关不严、师德考核操作性不强；考核评价缺乏整体设计，对教师从事教育教学工作重视不够、重数量

轻质量；考核评价急功近利，考核结果的科学运用有待完善等问题，亟待进一步解决。

（一）体育师资队伍教学评价重视不够

目前，我国各级各类高校评价教师的教学主要关注的是教学态度、教学内容与教学技能。体育教学作为高校的基础教学组成部分，与其他文化类学科教学有明显区别，所以在评价体育教师教学的指标制定上应该根据体育教师的职业特点，区别于其他学科教师的评价指标。

很多高校都出台了以学生为主体，教师为主导的教学方针，因此，学生评教成为教师教学评价的重要指标。通过对理工为主高校体育教师的访谈可以看出，绝大部分体育教师对学生评教的政策非常反感，认为学生评教极大地打消了教师的教学积极性，甚至出现了教师为了学生评教结果，采用"放羊式"教学方式的现象，极大地扰乱了体育课堂教学。专业教师认为，对于学生评教，近几年来反对声音比较大，当前的学生评教，给很多课程的"水课"创造了环境，成为很多老师放松教学的"借口"，因为评教结果直接影响到教师的年终考核、职称晋升及奖金的多少，教师难免为了讨学生欢心而采取错误的教学方式，放松教学要求。所以，学校将学生评教结果作为教师教学能力考核标准存在很大问题。

随着教育改革的深化，对教师教学质量和教学方式的评价得到各个高校的重视和关注。但是目前对体育教师师资队伍的评价没有一套完整的评价体系，主要是依靠职称、学历等。因为这些方面的提升和工资待遇有直接关系，所以每一位教师对于职称的评定都非常关注。学校的评价也是集中在教师的发表论文篇数、科研获奖等方面，然而对于教师的日常的教学管理和教学质量、教学方法的评估等相对很少。这种评价上的误区使得学校的体育教学和体育科研管理等出现脱节，一旦这种思想指导教师的日常工作，将会难免使其懈怠。科研能力、教学和日常学生管理是相互作用、相互影响的，高校和教师将三者相互独立起来看待，就会使评价结果扭曲，所以平衡三者的关系成为高校在评价体系改革中亟待解决的重要问题。对教师的评价，一方面是学校和教师的自身评价，另一方面是学生对老师的评价。大多数教师只重视职称的评定而忽视了学生的教学管理，也使得学生在学习过程中失去学习兴趣，出现逆反心理，对老师产生不好的印象，从一定角度影响该体育学科的发展。如果高校的绩效评价体系不能得到各位教师的认可和满意，也会直接影响教师的教学质量和积极性。

（二）体育师资队伍科研评价体系脱离实际

绩效考核主要参考教师的科研成果，而科研成果主要是教师在所谓的核心期刊上发表论文的数量、申请课题及参加国际会议等硬性指标，尤其在理工为主高校，理工类教师的科研项目相对较多，而对于体育教师来说，由于专业的特殊性，他们很难申请到大的科研项目，即使申请到项目，经费也远远低于理工类其他专业，在发表高水平论文方面更是难与理工类教师相比。部分教师认为，在绩效考核方面，学校主要考核的指标是科研成果，如发表论文数量、质量；横向课题或纵向课题数量及科研进款；科研获奖、国外学习经历等。这些考核指标对于大部分体育教师来说极难完成甚至遥不可及。另外，在学校填报的很多表格里，最明显的是评价表格中没有体育核心的选项。某位教师认为，在绩效考核方面，学校主要分为基本工资与绩效工资，对于基本工资，大家都差不多。但是在绩效工资方面，体育教师与理工类教师相比，就差别非常大了。主要体现在以下几方面：其一，由于各种政策、制度等原因，理工类教师的经费比较充足，不像体育教师，经费比较少；其二，理工类教师的科研课题经费比较高，项目横向、纵向的比较多，也好申请，体育教师要想申请项目就比较难了，纵向的比较难申请，横向项目又由于跨专业研究开展得不好，就更难申请到。一些教师谈到，对于学校的绩效评价，由于评价标准与体育教师实际能力相比有点偏高，很多教师因为"努力跳起也够不到桃子"而放弃摘桃子的愿望。

1.科研与教学相分离

科研评价的目的是监控教师的科研质量、提高科研水平，是科研发展的指挥棒，在教师职业生涯中，科研评价的结果决定着高校教师的职称晋升、科研奖励、项目申报、津贴发放、是否具有导师资格、年终考核等级等一系列重大利益事项。目前，评价机制在我国高校被普遍使用。比如，高校教师的年终考核、激励青年教师的基本功大赛、职务晋升与聘任等。但是，在高校中，目前的评价机制"一刀切"现象严重，过分地拔高了科研对高校教师的评价分值。在各种评价指标中，科研的分值占有较大比重，极大地消解了教学的中心地位。评价指标的导向，使得绝大部分教师为了应付评价的结果而远离教学。评价机制是一种具有较高效率的激励机制。既能让教师偏离教学的最初使命，也能让教师回归教书育人的本色。理工为主高校对体育教师考核评价脱离实际，阻碍了教师的整体发展。

2.考核体系缺乏按年龄划分的标准

在年龄与科研关系中可以明显看出体育老师的论文发表量和年龄有密切联系。年轻体育教师30岁之前发表的论文较多，其原因是多方面的。第一，年轻教师具有独特优势，他们思维比较活跃，具有不断探究前沿知识的热情；第二，年轻体育教师大部分刚刚完成学业，具有硕士、博士学历，本身具有进行科学研究的能力；第三，环境的因素，年轻的体育教师来到研究型大学，老教授的榜样力量对于年轻教师具有很大的带动作用。在31~40岁黄金年龄段，有国家一系列的政策支持，如教育部"青年基金"项目等都对这个年龄段的教师起到了很好的激励作用，本应该产生大量的科研成果，但是这个年龄段的体育教师发表的论文数量却处于最低点。首先是因为这个年龄段的体育教师面临着比较繁重的教学工作，没有太多时间进行科学研究；其次是这个年龄段的教师受到较大的来自家庭的压力，面临着结婚、生子、买房等压力，缺乏精力在有限的时间内进行科学研究；再次是学校的相关培训及进修机会不多。41~50岁之间的体育教师是最宝贵的资源，他们大部分具有副高级职称，教学经验丰富。教学和科研是教师不可分的基本技能，教学对科研有积极的促进作用，无论是对教学经验的总结，还是新的教学方法的探析，都能产生新的科研成果。该年龄段论文发表量较低的原因是职称晋升指标要求相对较高，很多教师认为自己通过努力很难达到评职教授的要求，从主观上放松了对科研能力的提高。51~60岁之间，无论男体育教师还是女体育教师，论文的发表量都出现较大的回升，其可能原因是这个年龄段的体育教师一般具有教授职称，具备了进行科学研究的能力；此外，也有体育教师自身的原因，学历提升等对科研起到了促进作用。而高校的考核体系缺乏按年龄划分的标准，对所有年龄段教师"一视同仁"，缺乏对中青年教师的激励作用。

3.过度依赖科研为中心的考核

以科研成绩为考核中心的评价机制，存在诸多问题。一方面，由于评价机制的短视行为，首先导致了个别教师在名利驱使下，出现了造假、抄袭等不良学术行为；其次，抑制了教师在科研中的创新思维，许多人选择急功近利地研究课题，而放弃虽然风险大，却有可能取得重大科技突破的科研方向，进而造成了科研成果大量的低水平重复；再次，指标刚性执行，造成高校教师科研期望值降低。例如，重大课题申报、博士后进站及百千万工程等对相对年轻教师的年龄限制，对有创造力、高学历的副高级职称年轻教师国家重大项目的申报年龄限制等，都给高校教师的心理造成极大的压力，降低了高校教师的科研积极性，使其失去继续研究的动力。另一方面，以科研评价结果衡量教师的职称指标，忽视了高校教师的精神层面需求，高职称对教师来说除了带来高收入外，还有所附加的社会认可度，无法评上高职称，对教师而言，更多的精神需求方面就得不到激励和满足，由此可见以科研为中心的考核机制有一定的局限性。

（三）体育师资队伍职称晋升制度针对性不强

1.职称晋升制度"一刀切"

调研中发现，理工为主的高校职称晋升制度不分专业进行设置，基本上是"一刀切"，这不利于体育教师晋升，直接后果是优秀教师评聘不上，失去了职称晋升制度设计的初衷。依据人力资源管理理论的观点，在高校的师资队伍建设中，如果说招聘人才是第一个关键环节的话，那么做好教师的职称聘任工作应该是第二个关键环节。通过前文的实证调研分析，理工为主高校体育师资队伍建设在职称晋升方面还存在很大问题。职称聘任问题包括职称晋升，但其不仅仅是晋升问题，更是高校人才强校战略的核心组成部分，是高校基于组织目标的师资队伍管理问题。对人才队伍的激励，是体育师资队伍建设的制度保障，是教师培养与成长的中心环节，也是高校人力资源工作中最重要、敏感和复杂的环节，直接影响到高校的发展态势。由于评价制度的原因，体育学科在理工为主高校中处弱势地位，导致每年的指标有限，真正的是"狼多肉少"，常常是几个学科拼在一起"共有1个名额"。而对于从小受到体育运动精神训练的体育教师来说，他们往往有着永不服输的精神，积极参与竞争，却始终难以获得晋升，那么职称晋升制度就失去了其"激励"的功能。

2.体育教师职称评聘压力大

从本次调研统计可以看出，体育教师都来自专业的体育院校及体育运动队伍，完全能胜任体育的教学工作，所以教学压力感觉比较小。然而，体育教师往往有着较大的科研压力。科研考核压力过大阻碍教师的积极性，使之丧失长远的发展动力，对高校教师来讲，科研工作不是一蹴而就的事情，需要时间的积累，过高的科研考核压力会导致高校教师急功近利。很多高校把发表学术论文的数量和质量作为考核指标，并与奖励、任期等挂钩，这种考核体系给教师造成很大的压力，从而导致学术不端行为的产生。体育教师科研压力比较大的原因是多方面的：首先，绝大部分体育教师的科研基础比较弱，体育教师的专业技能绝大部分是通过运动场上以运动训练的方式提高的，他们的优势是技能及体能的积累，但在文化方面的积累由于时间原因,相对其他专业的老师比较欠缺。其次,我们通过查看多年的高考分数线可以看出,体育专业的录取分数线相比较其他专业的分数线低很多,由于体育训练比较辛苦,大部分运动员从小进行运动训练,因而体育成绩突出却忽视文化课的学习。再次,大部分体育教师是因运动成绩突出考入大学,毕业后进入高校工作,身份转换,进入到教师行列,大学对所有教师的要求一致,没有区别各个专业教师的基础及不同专业教师的特点,而是一刀切地认为所有教师都应该有高水平的科研能力,并且将科研成果作为职称晋升的重要指标,这在一定程度上来说对体育教师是不公平的。当然,很多体育教师还是凭借自己的刻苦努力,克服很多困难,在体育科研方面也取得了突出的成绩。

三、由于激励机制不够健全导致教师动力不足

有的体育教师缺乏远大理想抱负,缺乏职业理想,缺乏对教育事业的热爱,在工作中表现出怠慢情绪,进而影响教师的敬业奉献精神。有的教师对教育教学和科研活动投入的时间少,对教材不钻研,对学生情况研究不足,不能因材施教,教学信息量少,直接影响到教学质量和学生素质的提高等。以上问题的出现,原因是多方面的。其中,体育师资队伍激励不足便是一大原因。

首先,职称晋升是高校广泛应用的激励机制,高校管理部门通过控制职称比例来调动教师的积极性,因为高职称除了带来工资收入的提高外,更多的是对教师职业的一种尊敬和肯定,是一种荣誉的满足,这也是高校教师职称晋升最主要的动力源。目前现行的职称评审工作存在的问题体现为重评审轻聘任、重评审轻考核、评聘不分或者评审制度不科学、职称挂靠现象严重、职称评审监督机制不健全等,没有从高校教师的科研主体出发,更多的是高校管理部门为了完成政治任务而设置的职称岗位,为了完成科研指标,对于在职称评定过程中的现状缺乏深入了解,用非所学、用非所长的现象十分严重,很多体育教师本身擅长教学,但为了完成科研任务,不得不放弃体育教学的优势,去从事科研工作,因为如果比自己教学能力差的人都上去了,对自己的心理打击比较大,比较难受,甚至伤到自尊;其次是科研奖励和科研津贴,每年一次的奖励或科研津贴的发放周期较长,造成教师为了获取奖励或经济效益,放弃科研成果的长期规划,进而追求科研成果量的产出;再次是聘期考核制度,面临聘期考核制度的压力。合格,保留原岗位;不合格,降级。体育教师为使自己不被降级或淘汰,只能被动追求科研数量,一旦追求数量就会带来质量的降低。

高校管理部门通过激励手段,采用职称晋升、奖励和津贴、聘期考核等措施,

对教师的工作成果进行量化。然而，由于量化评价的周期短，教师的工作又是创造性劳动，工作的核心目标具有长期性和隐蔽性的特点，所以导致教师只注重短期效应，将自己的发展目标局限于狭窄的、可测量的指标上，严重影响教学效果。

在访谈中，作者发现一个很奇怪的现象，就是几乎所有老师在谈到体育师资队伍管理的时候，很少有人提及体育教学相关内容，但这正是大学区别于其他科研机构最根本的特征——本科生教育。在衡量世界一流大学的各项指标里，一流的本科教育无疑是基础性的、根本性的指标。在加强本科教学方面，国家和高校出台了种种规定，如教学与科研一视同仁、名教授要上本科讲台等，但在具体实施过程中，往往会流于形式。一位大学教务处长说得好："省市领导来校考察第一句话就是问科研贡献，学校党委常委会很少专题讨论教学问题，大学教授们怎么会重视本科教学呢？没有教授们的重视，怎么会有一流本科教育呢？"

同理，缺乏科学的、合理的激励，又怎么能让教师更为积极地投入教学工作中，不断成长、发展呢？

第三节　以Y大学为个案进行研究

本书选取Y大学体育部作为研究个案，主要原因在于：首先，这是一所研究型、综合性、多科性高层次的理工类高校，并且建校历史悠久；其次，Y大学体育部在体育人才培养方面取得了突出的成绩，开创了竞技体育的先河；再次，作为高层次理工为主的综合性大学，体育院（部）在办学规模、层次方面与同类院校比较相当，具有一定的参考价值。由于Y大学是理工为主的高校，体育部教学以公共体育教学为主，近几年逐渐招收研究生并不断扩大办学规模和层次，所以，本书主要从体育教师的人力资源招聘、培训、考核、激励等影响人力资源发展的主要因素进行分析。

一、Y大学基本情况简介

Y大学是教育部直属的国家重点大学，是国家首批"211工程"和"985工程"重点建设的高校，在近百年的办学历程中，学校先后在科学研究方面取得了多个国内第一的高水平科研成果，分别在高新技术企业、技术创新、转移和产学研结合方面形成了自己的办学特色。

Y 大学设有文法学院、外语学院、马克思主义学院、体育部、材料与冶金等学院，学校学科结构完善、特色鲜明。其中国家级特色专业 15 个，有 60 多个本科专业，近 200 个学科有权招收和培养硕士研究生、博士研究生，设有博士后流动站；在教师队伍中，有教授、科学院和中国工程院院士、外籍院士等强大的师资队伍（表 5-3-1）。

表 5-3-1　Y 大学师资队伍情况

教授	科学院和工程院院士	外籍院士	国家"高层次人才特殊支持计划"
528	5	2	5
国家杰出青年基金获得者	海外及港澳学者合作基金获得者	教育部新世纪优秀人才	教育部"长江学者奖励计划"特聘教授、讲座教授
23	13	102	21
国家自然科学基金创新群体	教育部创新团队	博士生导师	
3	3	459	

资料来源：Y 大学官网整理自行绘制。

在支持现有强势学科追求和创造卓越的同时，Y 大学大力发展新兴学科以及人文社会科学学科，打造新的优势学科集群，形成了面向基础产业的特色优势学科（冶金、材料、机械、矿业等）、面向战略性新兴产业的优势学科（自动化、计算机、生物医学工程）和人文社会科学学科（科技哲学、管理、行政学等）协调发展的格局。学校在技术创新和成果转化方面形成了独特的优势，探索出了一条政、产、学、研、用相结合的有效途径，实现了学科、人才、科研、产业良性互动发展。

二、Y 大学体育部基本情况

体育教师是体育人力资源管理模式运行的原动力，教师的素质在很大程度上决定着人力资源管理模式运行状态和最终效果。Y 大学体育部从成立起，就非常注重体育师资的培养与管理，培养出一大批体育精英，对推动我国近代竞技体育运动的发展起到了重要作用。体育部在 Y 大学争创"双一流"大学的时代背景下，近几年在学科建设、师资力量等方面都取得了重大发展成就。体育部师资在原有基础上，无论在教师队伍数量与质量方面，还是在体育教学方面都有了长足的发展。在完成学校公共体育课教学任务的基础上，Y 大学体育部招收了体育专业的本科生、研究生，对其进行体育专业的教学、培养与管理工作。Y大学体育部健康持续的发展离不开合理的体育师资队伍建设作为支撑，在此，我们以体育部的体育师资队伍建设为研究对象，梳理体育师资队伍发展过程。

体育部的组织机构由体育部机关、课外活动组、教研中心、教法与研究中心组成（图5-3-1）。

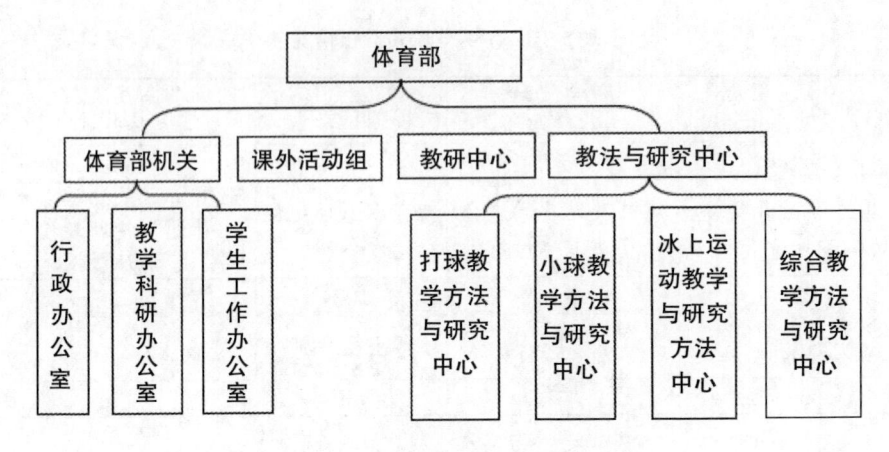

图 5-3-1　Y大学体育部组织机构建设

三、Y大学体育部师资队伍发展状况

Y大学体育部最初师资力量还是比较强大的，有副教授20人，外聘清华教授3人。体育师资队伍从2000年的54人，到2015年还是54人，然而整体内部结构发生了变化，包括教授7人，副教授22人，新引进的教师以硕士为主。Y大学体育部学生人数变化见表5-3-2。

表 5-3-2　Y大学体育部学生人数变化

时间	本科招生人数 男	本科招生人数 女	研究生招生人数
1929年9月	20	0	0
1946年	30	5	0
1947年	12	0	0
2004年	停止招生	停止招生	6（体育人文专业开始招生）
2010年	停止招生	停止招生	9（体育教学专业开始招生）
2015年	停止招生	停止招生	19（体育学专业开始招生）
2016年至今	92		36

资料来源：Y大学体育部网站。

客观来看，Y大学体育部师资队伍建设无论从职称结构、学历结构还是高水平运动队建设等方面都较以前有很大改善。现有专业教师54人，其中教授7人、副教授22人，讲师17人，助教8人，管理干部6人，硕士生导师13人。4位教师具有博士学历，30位教师具有硕士学位。在职教师中，国际级裁判6人（4项）、国家级裁判12人（13项）。6位教师担任了2008年北京奥运会和残奥会5个项目的裁判；4位教师担任了2010年广州亚运会4个项目的裁判（表5-3-3）。按照《教育部国家体育总局关于进一步加强普通高等学校高水平运动队建设的意见》（教体艺〔2005〕3号）要求，Y大学体育部成立了高水平运动队，学校每年按教育部的要求可在全国中等学校特招男子篮球、冰雪、田径、羽毛球获二级及以上运动员等级的学生入学。不断提高全体大学生的体质健康水平是高校体育工作的根本所在，为了保障体育工作的顺利开展，体育部先后成立了男子篮球队、橄榄球队、田径队、羽毛球队、健美操队、啦啦操队、轮滑队、冰球队等代表队，各项目代表队在国家、省、市的一系列重大比赛中获得了优异的成绩，不断续写着Y大学体育的辉煌。Y大学体育部中，有多位教师在国内外学术团体（机构）中担任职务，先后承担和完成国家级、省部级研究课题十多项。在科学发展观的指导下，体育部在未来的发展中必定会取得更加优异的成绩。

表5-3-3　Y大学体育部体育人力资源整体情况

职称	教授	副教授	讲师	助教	管理干部	总数
	7	22	17	9	6	61
学历	博士	硕士	本科			54
	4	30	20			
裁判	国际级裁判	国家级裁判	参加亚运会裁判	参加奥运会裁判		28
	6人（4项）	12人（13项）	4人（4项）	6人（5项）		
导师	硕士生导师					13
	13					

资料来源：Y大学体育部网站。

四、Y大学体育院（部）师资管理制度建设情况

体育师资管理制度是高校体育组织为了在一定时期内完成发展战略目标而制定的行动原则。

（一）Y大学体育院（部）在人才引进方面的制度

在高校之间竞争日益激烈的今天，人才(包括怎样培养人才、稳定人才、吸引人才)成为高校发展的核心问题。纵观发展较好的高校，都是人才的聚居地。

Y大学将人才招聘作为高校人力资源管理的"入口"，对此十分重视。人力资源管理部门在制订具体招聘要求方面也出台了详细的招聘条件。Y大学体育部体育师资人才引进政策主要是以学校总的人才引进政策为主，体育部没有具体的人才引进文件。但是在人才应聘考核过程中，体育部会成立教师聘任工作小组，一般为5~7人，由党政领导及教师代表组成，主要职责为以下几点。

（1）负责制订本单位教师的岗位设置方案、岗位职责、岗位聘任条件和聘期工作目标，并报校教师聘任委员会审定备案。

（2）负责本单位教师的聘任组织工作，并向学校推荐各级岗位的人选。

（3）负责本单位教师的考核工作，由体育部领导组织相关专家对应聘者进行考核。在考核过程中，体育部招聘专家根据体育运动的特殊性及实际需求，按照学校的招聘条件进行上报，学校人事处根据招聘人员的实际及体育部测试的结果，上报学校专家组，进行考核，最后确定招聘人员。

（二）Y大学体育院（部）在师资培训方面的制度

制度是高校体育师资队伍建设的准绳和规范。现代大学制度具有两方面的特征：一方面使大学具有充分的自主权、灵活性和创造力，能够主动适应正在建立和不断完善的社会主义市场经济体制，能够承担起为增强国家综合竞争实力培养人才的重担；另一方面遵循教育的自身发展规律和作为"学科共同体"及"高素质人才密集地"的高等院校的办学规律，充分尊重知识分子的劳动特点和心理特征，解放教育生产力、激发师生的创造力。Y大学在师资培训方面，主要是通过新任教师助课及各种形式的长短期培训班等方式进行。

1.Y大学体育部对新任体育教师实行助课制度

在学校争创"双一流"的背景下，体育部从2013年起，为加强师资队伍建设，提高教师的整体教学水平和教学质量，重点强调体育教师要紧跟时代步伐，不断完善新任教师的培养工作，使新任教师树立良好的师德风范，爱岗敬业、凝心聚力，认真工作，在教学、科研等工作方面尽快成长。为培养体育部的学术带头人和教学骨干，体育部在新任教师中实行了助课制度，规定如下。

（1）凡毕业后到体育部（含校外调入没有体育教学经历的教师）教学岗位工作的教师，由体育部指定热爱教育事业、教学经验丰富、教学效果好的教师担任其指导教师（简称导师），新任教师必须为导师助课。

（2）助课期间，新任教师要努力熟悉教学各个环节，为助课班级的学生进行答疑。助课期间认真记录每一节课的内容摘要、教学要点等教学活动内容，在实践中认真履行教师职责。现场观摩学习至少4学时（一般为课程的第一、二周）。

（3）导师要对新任教师的教学过程进行全面指导，认真指导新任教师做好备课、授课、测评等教学的各个环节，并写出书面意见。至少现场指导4学时。

（4）新任教师助课一门课应不低于28学时。一般在一学期内完成一门课程的完整助课。

（5）教学研究中心负责对新任教师助课进行考评。新任教师要提交助课记录并提供导师指导课程的16课时的教案，要讲授2学时的公开课。体育部根据教学研究中心和导师意见决定新任教师是否单独承担课程讲授任务。

（6）新任教师的助课教学工作量不计入年工作量，导师按照一个班级一门课32学时记入个人教学工作量。

2.Y大学体育院（部）关于体育教师的长短期培训

作者通过查阅人事处、教务处等相关部门的资料得知没有关于体育教师长短期培训的特殊通知。但通过与体育部教师访谈了解到，体育部教师在学位进修学习方面，主要是个人参加全国的统一考试，成绩合格者，按照Y大学教师进修学习的条件，进行在职或脱岗学习；另外，作者查阅资料发现，在高层次人才出国交流学习的名单中没有体育部教师的名字。在国内的学习交流主要是教师个人关注与自己相关的各种学术会议，通过申报体育部获批，在不影响正常体育教学的前提下，进行外出学术交流，很少有体育部组织的关于教师长短期培训。

3.Y大学体育院（部）体育师资的绩效考核制度

考核是为了完善体育部的考核评价体系，有效构建教师的激励与约束机制，促进体育教师师资队伍建设持续、快速、健康发展。2010年，Y大学体育部制定出台并实施了《体育部教练员聘任、考核管理办法》《教职工年度考核管理办法（试行）》《绩效分配办法》等相关措施，规范化地管理体育部相关工作。从20世纪90年代末，Y大学就开始探索高校教师绩效津贴制度的改革。体育部紧跟学校发展步伐。为充分发挥绩效津贴分配的保障和激励作用，依据Y大学教职工年度考核工作的有关要求，体育部专门制定了适合体育教师发展的考核办法。

为了正确考核体育教师的思想品德及工作业绩，同时能确保岗位职责的履行与体育部发展目标的实现。体育部以一年为一个考核年度，对体育部所有在编在岗的教师及管理人员按照公正性质进行考核，规定因病、事或其他原因在年度在岗时间不足半年的人员不能参加年度考核。年度考核结果将作为专业技术职务评聘、岗位聘任、绩效津贴分配、评奖评优和处罚的重要依据。

体育部依据学校的文件，制定了体育部专任教师的年度考核办法，主要由教师完成教学、科研、学科建设等任务的数量、质量、成果，教书育人、遵章守纪等方面的表现及其他履行岗位职责的情况组成。

专业教师年度考核绩效分（T）的计算公式如下：

$$T=A+Y+C$$

式中，A为教学工作绩效分；Y为科研、学科工作绩效分；C为其他工作绩效分。

详细情况见表5-3-4。

表5-3-4　Y大学体育院（部）年底教学工作绩效考核办法

A	A1 一般教学工作绩效分	本科生课程教学
		研究生课程教学
		各类实习
		指导毕业（论文）设计
	A2 教学成果奖励工作量绩效分	"质量工程"成果
		教学改革成果
		教学竞赛获奖
		指导优秀学位论文量
Y	科研、学科工作绩效分	学术论文获得绩效分
		著作获得绩效分
		科研课题结题、获奖的绩效分
		专利获得的绩效分
		学科和专业建设等工作获得的绩效分
C	其他工作绩效分	承担基础教研室等社会工作的绩效分
		荣誉获奖绩效分
		带队比赛、竞赛、承担裁判工作的绩效分
		违反劳动纪律所扣绩效分

（1）Y大学体育院（部）教学工作绩效分由A1+A2构成。

Y大学体育院（部）主要按照《Y大学教学评价工作指标体系》开展学院教

学工作评价。从表 5-3-4 的教学工作绩效组成可知，体育部的教学评价主要由教学工作量 $A1$ 和教学成果奖励 $A2$ 组成。

$A1=（Y1+Y2+Y3+Y4×K1+Y5+Y6+Y7+Y8）/P$。具体见表 5-3-5。

表 5-3-5　Y 大学体育院（部）教学评价细则

Y	Y1：	公共体育课学时数
	Y2：	人文选修课学时数
	Y3：	社会体育专业技术实践课学时数
	Y4：	社会体育专业理论课学时数
	Y5：	指导研究生学时数
	Y6：	指导本科生毕业实习学时数
	Y7：	指导本科生毕业设计学时数
	Y8：	指导学生体质测试等学时数
K1：		课程调节系数，K1=1.2
P：		一个绩效分对应的标准学时数，P=4 学时

$A2$ 主要由教师在当年所做各类教学工作成绩决定。教学成果绩效分由教学名师、精品课程、优秀教学团队、教学成果奖、优秀教材、校级教学基本功竞赛获奖、校级优秀课件、优秀毕业论文组成，并依据不同的级别赋予不同的分值（表 5-3-6）。

表 5-3-6　Y 大学体育院（部）教学成果工作量绩效分细则

		国家级	部、省级	校级
教学名师		50	40	30
精品课程		40	30	20
优秀教学团队		30	20	10
教学成果奖	一等奖	60	40	20
	二等奖	50	30	15
	三等奖	40	20	10
优秀教材	一等奖	50	40	15
	二等奖	40	30	10
	三等奖	30	20	8
校级教学基本功竞赛	一等奖	—	—	10
	二等奖	—	—	8
	三等奖	—	—	6
校级优秀课件	一等奖	—	—	10
	二等奖	—	—	8
	三等奖	—	—	6
优秀毕业论文	优秀毕业设计	—	30	15

（2）Y大学体育院（部）科研工作绩效、学科工作绩效分Y。

科研、学科工作绩效分主要包括科研成果、专著、学术论文等。

1）学术论文获得的绩效分。

一级刊物A类：30分/篇；一级刊物Y类：10分/篇；核心刊物：6分/篇；一般刊物（公开发表）：2分/篇。

注：论文积分只针对第一作者有效。

2）著作获得的绩效分情况。

著作获得的绩效分，如图5-3-2所示。

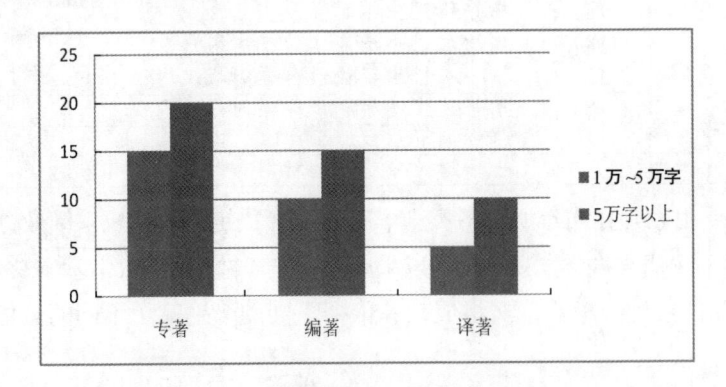

图5-3-2　Y大学体育院（部）教师著作绩效分奖励图

资料来源：依据相关文件自行整理。

3）科研课题结题、获奖的绩效分，如图5-3-3所示。

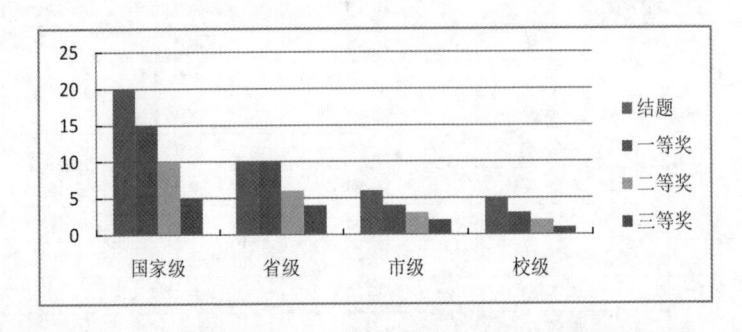

图5-3-3　Y大学体育院（部）教师科研课题结题、获奖绩效分奖励图

注：科研课题若为团队集体获得，则按照所获得的绩效分，由负责人分配参加人员所得的绩效分。

资料来源：依据相关文件自行整理。

4）专利获得的绩效分。

5）学科和专业建设等工作获得的绩效分。

积极参与学科建设、专业建设等工作，并做出一定贡献的教职工，体育院（部）将视情况给予适当的绩效分奖励。此处的工作主要包括为申报更高一级学科、"985工程""211工程"撰写报告方案；硕士点建设、本科生专业建设以及其他专业实验室建设等。学科和专业建设绩效分如图5-3-4所示。

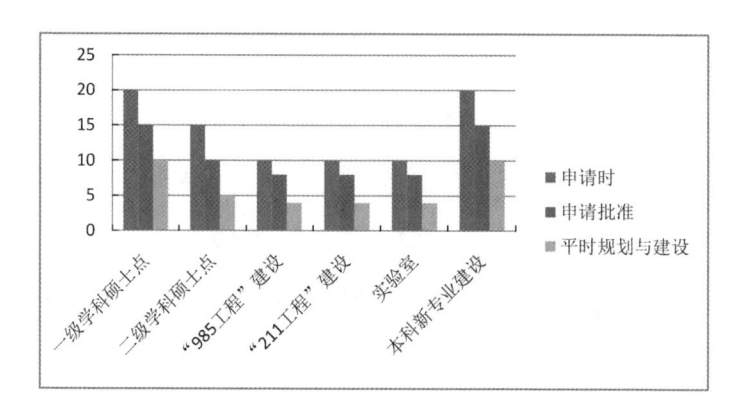

图5-3-4　Y大学体育院（部）体育教师学科和专业建设绩效分奖励图

资料来源：依据相关文件自行整理绘制。

（3）Y大学体育院（部）其他工作绩效分C。

其他工作绩效分主要包括参与教书育人、集体活动、公益活动、遵守组织纪律情况获得的绩效分。

1）承担基础研究室工作绩效分，见表5-3-7。

表5-3-7　Y大学体育院（部）承担基础研究室工作绩效分

职务	分值
教研中心、各科室主任	8
教研中心、各科室副主任及工会副主席	5
班主任	5

注：获得单项奖，按等级比照上述情况的一半加分。

资料来源：依据资料自行整理。

2）荣誉获奖绩效分，见表 5-3-8。

表 5-3-8　Y 大学体育院（部）教师荣誉获奖绩效分

级别	分值	条件
省级	15	先进集体（综合）中的成员，每人加 10 分 / 次
市级	10	先进集体（综合）中的成员，每人加 8 分 / 次
校级	7	先进集体（综合）中的成员，每人加 7 分 / 次

注：获得单项奖，按等级比照上述情况的一半加分。

资料来源：依据资料自行整理。

3）带队比赛、竞赛、承担裁判工作的绩效分，见表 5-3-9。

表 5-3-9　Y 大学体育院（部）带队比赛、竞赛、承担裁判工作的绩效分

带队参加比赛	分值	裁判工作	分值	个人代表学校参赛	分值
全国及以上比赛前 8 名	10	承担全国及以上比赛	8	全国及以上比赛前 8 名	8
省级比赛前 3 名	8	省级比赛	6	省级比赛前 6 名	6
市级比赛前 1 名	4			市级比赛前 3 名	4

注：带队比赛、竞赛、裁判工作绩效分一个考核年度每项只奖励一次最高分。

资料来源：依据相关文件自行整理。

4）违反劳动纪律所扣绩效分，见表 5-3-10。

表 5-3-10　Y 大学体育院（部）违反劳动纪律扣绩效分

序号	教学事故	扣分值
1	提前 5 分钟上、下课	3 分 / 次
2	迟到、擅自串课	3 分 / 次
3	上课期间离开教学场地	3 分 / 次
4	上课不认真、不积极教学	3 分 / 次
5	漏课	10 分 / 次
6	漏填学生成绩	1 分 / 人
7	上课无教案	3 分 / 次
8	无故不参加体育部、教研室集体活动	3 分 / 次
9	拒绝体育部级教研室分配工作	5 分 / 次
10	未完成教学任务的 2/3	考核不合格

资料来源：依据资料自行整理。

(三) Y大学体育院 (部) 体育部对体育教师的激励机制

激励机制是调动活动主体积极性的一种机制，Y大学为了稳定人才、吸引人才，充分调动在岗教职员工的工作积极性，巩固学校人事制度改革成果，实行向高层次人才和重点岗位倾斜的分配激励机制。

激励机制的重点是建立新的岗位津贴分配制度，为建立岗位管理、以岗定薪、优劳优酬的新型分配制度夯实基础。岗位津贴分配以人才工程建设为中心，以促进基层教学科研组织建设、稳定办学为主体，以提高管理水平、教育教学质量、办学效益为目的，逐步提高教职工收入水平。此次调整分配主体倾向教师队伍，注重有利于师资队伍建设、有利于优秀管理队伍建设的分配，重点提高了骨干教师和管理骨干的收入，充分发挥他们的创新能力，进而推动学校教学、科研和管理工作迈上新阶段。

教师岗位津贴分配按照教师职务结构、学时数、标准学生数和科研经费额四个基本要素核定总量后，下拨给各学院 (部)，学院 (部) 在学校分配原则的指导下，根据在岗教师业绩与贡献大小进行自主分配。对基本教育规模中其他非党务行政管理人员也实行总量下拨，由各单位根据本人业绩与贡献大小进行自主分配。岗位津贴的设置要充分体现个人的工作业绩、工作质量和工作效果，要打破平均主义，消除"大锅饭"现象，合理拉开收入差距。

五、Y大学体育部的师资队伍存在的问题

（1）通过对Y大学的个案调研结果可知，Y大学具有雄厚的师资力量。Y大学体育部的师资整体上较以前有了很大的改善，教师的学历以硕士为主、职称以副教授居多，具有研究生导师13人，年龄结构以中老年教师居多，体育部教师的裁判资质比较高，国际级6人，国家级12人，参加亚运会裁判工作教师4人，参加奥运会的裁判工作教师6人。办学层次以大学公共体育课为主，Y大学体育部从2004年开始招收体育专业的研究生，并且近几年招收的人数与专业都在增加。但是，Y大学体育部的教师队伍结构问题也十分突出：首先表现在总数变化不大，尤其是2000—2015年期间，总数变化不甚明显；其次是随着Y大学体育部的学生人数增加和Y大学招生总数的增加，教师的工作量增大；再次是体育教师队伍中高学历、高职称人数不足；最后是体育教师队伍中年轻教师较少。

（2）从Y大学体育部师资培训制度来看，主要的培训方式还是"以老带新"，

对体育教师成长的其他专业性的培训及高层次培训机会较少，整体对体育教师的培训缺乏组织计划性。

（3）从Y大学体育部绩效考核制度来看，主要是以Y大学的管理制度为主，因理工为主高校的特点，评价指标突出科研评价，对教学的评价主要考核的是教学工作量。对于各类教学工作成绩指标不够细化。

（4）从Y大学体育部的激励机制来看，Y大学体育部的激励机制效果不明显，主要以发放教师岗位津贴的形式进行，根据教师个人的工作业绩及贡献大小进行分配。现在的激励形式较为单一。

综上所述，Y大学体育院（部）的体育师资队伍管理存在很大问题，需要高校管理部门从思想上重视体育师资队伍建设，改善当前的不合理现象，推动体育院（部）健康快速发展。

第六章　改进理工为主高校体育师资队伍管理对策

长期以来，体育师资队伍的管理一直是高校管理的薄弱环节。我国理工为主高校的体育师资队伍在管理方面也存在诸多问题。这些问题有社会根源，有高校自身的原因，有高校行政管理部门的原因，也有体育教师自身的原因。高校体育改革的滞后必然制约高校体育教师队伍的发展，不利于高校体育更好地承担培养健康人才的历史使命。如果将理工为主高校的体育师资队伍作为一个"因变量"，体育教育必须要适应社会环境和社会需求的变化，成为一个"自变量"。我国高等教育已经进入大众化教育阶段，体育教育的功能在延伸，体育工作研究不仅旨在增强人民体质，还要为国家增加经济利益，造福百姓。因此，加强对体育师资管理是适应时代发展的必然。本章对体育师资队伍存在的结构问题、评价机制问题及激励不足三方面提出相应的建议。

第一节　挖掘理工为主高校体育师资队伍的资源

一、充分发挥体育顶尖人才的资源

理工为主高校自身资源富足，首先，从国家政策方面，本书的抽样高校，其建设目标是"世界一流"或"双一流"高校。高校从战略规划高度，充分认识到高校的发展必须有一流的师资。因此，一流的师资成了各高校之间激烈的竞争对象。为了引进和鼓励优秀的人才，尤其是助力青年人才成长，国家出台了一系列资助计划，其中比较有影响的就是"国家杰青""国家优青""青年拔尖人才"等。其次，各省政府也都有相应的资助政策。再次，从理工为主高校来说，为了配合国家的政策形势，都制订了相应的人才成长计划，如校级"优秀教师"、校级"学科带头人"等支持后备人才培养。另外,在资金支持方面,国家对理工为主高校如"985工程"经费、"211工程"经费、"优势学科"经费等资助力度都比较大,有效推动了高校的高速发展。

二、充分挖掘体育教师的专业特长资源

充分挖掘体育教师的专业特长资源,对理工为主高校体育师资队伍管理与建设而言意义重大。首先,对于理工为主的高校体育教师,尤其是年轻的体育教师,大部分都是在招聘环节"过五关斩六将",被高校从众多的应聘者中"掐尖"引进的高学历、高能力的体育优秀人才,无论从专业运动技术能力,还是从学术能力方面看,他们都具有很深的造诣。其次,大部分体育教学、科研方面的教授、学科带头人集中在高校。再次,本次调研的高校体育院(部)虽然以公共体育教学为主,但也招收了体育专业的本科生、硕士生,说明体育教师师资队伍整体具有较高的水平。无论从宏观还是从微观上看,理工为主高校体育师资队伍的发展都具有丰富的资源优势。

第二节 创新配置体育师资队伍资源结构

对于体育师资队伍结构问题,主要应从战略规划、政策制定、强化培训三方面提出管理对策。本节依据理工为主高校体育管理的组织结构,构建了体育师资队伍管理分析模型,便于教育行政部门在对体育师资队伍的管理中发现问题并及时制定改进对策,如图 6-2-1 所示。

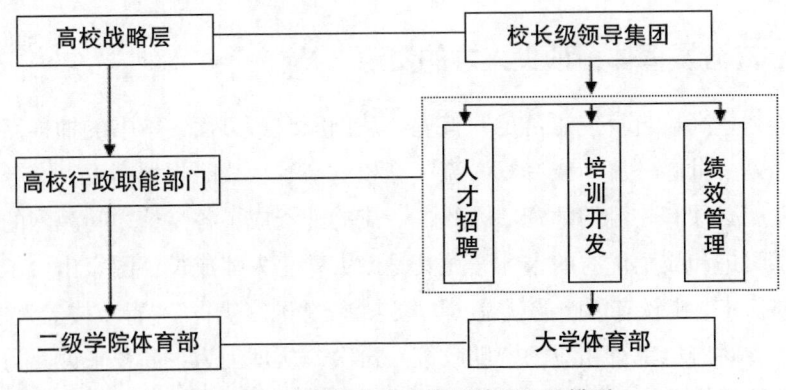

图 6-2-1 高校体育人力资源管理组织模型

一、高度重视体育师资队伍发展

理工为主高校要促进体育教学、科研与学科的统一协调发展，必须高度重视体育师资队伍的长期健康良性发展。

首先，校级层面要高度重视体育师资队伍发展。高校的管理者应该结合当前的社会环境，结合理工为主高校的战略发展规划，构建学校体育师资队伍发展的顶层设计。在人才引进的过程中，严把入口关，通过制定不同的制度政策，多渠道广纳人才，优化师资队伍结构，逐渐改善历史原因造成的体育师资结构不合理现象。

其次，要更新高校二级单位工作观念。大学体育院（部）的管理者要改变以往的工作观念，从以人为本的管理理念出发。体育院（部）的办学定位应该与高水平理工为主高校的发展战略一致。按照国家对高校的分类，高水平理工为主高校大部分是研究型高校，研究型高校中科研所占的比重要高于教学所占的比重，所以，作为二级学院的管理者，应基于本院（部）的体育师资具体情况，对现有的体育教师进行优化管理。

最后，体育教师自身需要更新职业发展理念。体育教师应该将自己置于理工为主高水平大学的平台上，对自己的教学、科研能力及学科建设高标准、严要求，通过培训等再教育提升职业能力，为学校体育教育教学发展贡献力量。

二、创新体育教师人才引进机制

通过实证分析，本书总结出了影响体育师资人才引进的原因。有的从思想观念上没有充分认识到"入口关"对高校整体发展的深远影响；有的是因为大环境发展不能满足理工为主高校对高层次人才的招聘需求；还有的是高校的体育师资队伍办学条件问题，不能吸引到高校所需人才。但归根结底是教育体制与领导的能力问题。两者相互博弈，致使高校体育师资招聘的"入口"成为一种政绩工程。要想打破这种博弈局面，使高校体育教师招聘成为高校体育师资队伍长远发展的战略举措，并且在国内具有一定的推广价值，就要结合我国理工为主高校的实际情况，借鉴国外理工为主高校体育师资队伍建设的成功经验，制定适合国情的规章制度。

（一）积极引进高层次体育人才

随着社会经济的发展，高等教育已经由外延式发展转向内涵式发展。体育教师招聘作为高校体育人才引进的"入口关",对于体育师资队伍建设的长远发展具有非常重要的意义。因此,高校在引进人才时,必须要合理规划、未雨绸缪,根据学校的整体发展战略,结合体育学科建设与发展的需要来遴选与招聘,摒弃其他不相干因素的干扰,吸引到最适合高校长远发展的稳定的师资。首先,作为高校体育的领导者,有责任从体育学科发展的整体利益出发,将这种责任范围之外的人道主义放到一边,做好自己的本职工作,对高校及社会做出最大贡献。其次,作为体育院(部)的领导者,基本职责就是带动全院师生不断发展,为学院的师生创造良好的工作、学习环境。最后,作为高校的体育教师,应该通过自身的努力,提高学历、职称等水平,进而提高体育师资队伍的结构状况。

(二)优化体育师资队伍学缘结构

一流大学的教师队伍中,来自不同国家的教师占比很高。多来源的教师队伍,无论对于本专业的学术交流,还是跨专业的学术讨论,都可起到互补长短,促进学科发展的作用,进而提高学校的知名度。体育师资是学校师资的重要组成部分,体育师资的来源对体育院(部)系的发展具有重要的作用。体育教师负责全校学生的公共体育课程,如果有外籍教师的加入,无论对于体育专业的学生还是全校其他专业的学生,都有积极的影响。学校应该为学生创造与国际接轨的良好的学习环境,理工为主高校就是开放的大学、无国界的大学,体育师资队伍也应该打开门来引进外籍教师,使体育师资队伍真正实现"远缘杂交",真正打破国内理工为主高校体育师资队伍来源单一的现状,实现与国际接轨,使体育学科的教育教学逐步走向国际化,从而将国际先进的体育理念传授给我国理工为主高校的新一代大学生,为广大学生身体素质的提高与后续发展奠定坚实的基础。

三、通过培训提升体育教师的综合素质

对体育教师进行培训、能力拓展是提高高校体育教师素质与创新能力、构建人才战略储备、提升高校竞争能力的重要手段之一。学校应着眼于长远战略发展需要,完善体育教师培训开发机制。

(一)提升体育教师科研能力

影响体育教师科研能力的因素有很多,主要包括外界因素和自身因素。外因通过内因起作用,是必不可少的条件。外界的影响因素有资源环境、科研环境、教学团队的能力等。大量研究证明,研究机构的声望对研究者的影响非常明显,

教授从一般大学到声望好的大学工作，科研产出明显增多，反之科研成果则大大减少。内因是事物发展的基础和根源，影响体育教师的自身因素包括教师的学历、职称、兴趣爱好等，但无论什么原因，体育教师的科研能力都必须通过科学、严谨的专家评审，来体现教师在科研方面的创新性、科学性。

（二）打造体育学术骨干教师和学科带头人

造就一支富有创新精神和发展潜力的中青年学术骨干和学科带头人队伍，不断优化教职工队伍结构、提高整体素质是理工为主高校体育师资管理的当务之急。在知识经济时代，知识更新的速度非常快，每一位体育教师都要不断地学习才能跟上时代前进的步伐，使自己立于不败之地。因此，高校应该克服"重使用、轻培养"的倾向，采用多种方法、多种形式、多种渠道，有计划、有组织地培养各类人才，创建一套适应知识经济体制要求的、充满生机与活力的育人机制，不断提高人才整体素质，形成整体合力，为提高体育教师实现目标和价值的能力创造条件，为其承担更大的责任、从事更富有挑战性的工作以及提升到更重要的岗位创造条件。

（三）创造浓厚的学习氛围

树立教育培训是最具经济和社会效益的生产性投入的新观念，构建学习型社会、学习型组织，建立终身教育体系，积极向各类人才提供形式多样的教育培训机会，努力实现教育培训的终身化、国际化、现代化，使人才的教育培训满足组织发展的需要和人才成长与创业的要求。

（1）在教育培训管理上要逐步市场化，引入竞争机制，充分利用好国际、国内的各种培训资源，提高培训效益。

（2）经常举办学术报告会和研讨会，形成浓厚的学术氛围，提高各类人才的创新能力、学习能力、适应能力、竞争能力。

（3）进一步发挥留学生创业园、博士后工作站等基地作用，使其成为集聚优秀人才的重要载体，探索建立以项目和课题研究为主的研究组织体制，发挥其集聚人才的作用。

（四）积极开展体育教师的交流与合作

为建设"双一流大学"目标的实现，学校要充分调动目前在岗教师的积极性，完善博士生的培养计划，与国际名校进行学术交流，完善理工为主高校进修等不同的手段方法，改变目前存在的不合理现状。对于引进的"年轻高端人才"，学校应该从高校战略发展的层面，对体育的特殊人才给予多方关注，特别是在专业特长上，要给予高度重视与支持，在科研团队建设方面，加强科研经费支持，提高"优秀的体育人才"的管理效率，进而推动高校体育师资队伍的能力提升及体育学科的发展。

加强人才资源内部优化配置力度。在体育院（部）内，与其他专业教师建立战略伙伴关系，发挥理工为主高校的资源优势，促进人才资源的交流与合作。另外，基于项目的研究型教学模式、基于问题的研究型教学模式以及小组合作学习是最符合理工科类大学生思维风格偏好的教学模式，通过这些模式可以有效提高体育教师教学科研能力水平。

第三节　科学制定体育教师考核评价体系

高校的考核评价机制对高校体育教育工作有重要的推动作用。无论是理念创新还是实践创新方面，该机制都对管理效能的提高具有重要作用。考核是对体育教师晋升、奖惩的基础，体育教师工作的优劣依赖于对工作的考核评价。因此，制定科学合理的考核办法，对于加强岗位管理，充分调动体育教师的积极性，形成激励竞争机制有着十分重要的意义。

一、体育师资的考核原则

（一）全面发展教师综合素质

苏霍姆林斯基曾经说过："评价不应是惩罚的鞭子，而应成为激励的工具。"因此，高校应提倡以教师个人的发展带动体育院（部）的发展。高校应该改变现行的重视体育教师过去已经获得的教学、科研及其他工作成果，并依此成果来发放物质奖励的方式，这种评价方式已经不适合于当今教育发展的潮流，因为其无法保证过去对未来是否有促进和借鉴的效用。当今我们关注的不仅仅是教师们过去获得的工作效率，不仅仅是简单的好与坏之间的区别，而是通过这种好、坏，从中吸取经验教训从而引向正确的将来。

（二）完善考核指标的制定

以教师们各自专业、特点的差异性作为主要的考核指标来代替过往的考核要素；对于体育教师来说，现行的考核指标倾向于科研，而忽视了教学，对于评价的效果来说，就是大部分体育教师放弃教学的优势而转向不太擅长的体育科研工作。在体育教师的考核指标制定中，最为重要的就是要准确地找到中心点，并且以此来划定与其相匹配的各项组成，具体包括修正考核的尺度、找出考核的基本构架、遴选考核的各类模式以及实际应用的考核手段等，所有的这些组成都必须能够促进"可发展"，只有这样这个考核体系才能相互配合、相辅相成，朝着正确的道路前行。

二、建立科学的体育教师评价机制

教育部、国家体育总局颁布的《关于进一步加强学校体育工作切实提高学生健康素质的意见》（教体艺〔2006〕5号）明确指出："加强学校体育工作、提高学生健康素质，是学校教育全面落实科学发展观、坚持以人文本、促进青少年全面发展的必然要求。"其实，要提高高校体育教学工作水平，主要依赖于高校体育教师。因此，建立善于引导、科学考核、严格管理的体育教师考核评价激励机制，对提高体育教师的教学能力和业务水平有重要作用，能够促使体育教师以学生为本，针对不同学生的具体情况不断地丰富体育教学内容、改进教学方法、切实提高高校大学生的体质健康水平，这是高校体育教师考核评价机制实践创新的重要方面。

三、体育教师考核评价体系应分类指导

对于理工为主高校体育教师的评价考核而言，应该创新体育教师的评价机制，不应将论文、外语、科研等作为体育教师评职称的硬性要求，而是通过体育教师的优势特点进行强化考核，激发体育教师的特长发挥，便于形成高校体育的特色；对于体育教师不太擅长的外语、科研等方面，可以通过改变学习环境，设置培训班、合作交流等形式，调动体育教师学习、研究的积极性。比如，引进外籍体育教师，通过加强国际交流与合作的机会，增加出国培训机会，增加裁判国际大赛的机会等激励机制的运用，调动体育教师自觉地学习外语、计算机等，教师自身的能力得到提高，接触体育发展前沿的机会增多，科研水平自然会提高，论文质量也会提升。因而高校应健全符合体育教师岗位特点的人才评价机制。在评价标

准的制定过程中，高校应该根据不同人群的特殊才能，制定适合各自特殊才能发挥潜能的标准。如果学校的制定标准过于单一和标准化，体育教师的特殊才能将被无情地抹杀。

四、体育教师评价指标应有导向性

评价指导应有导向性。从学校层面来讲，就是对教学任务完成情况进行绩效考评，其评价的主要指标包括数量、质量及效率等。例如，科研能力和水平的高低在高校中主要通过学术论文发表、专著、科研获奖、承担科研项目等方面来反映。现有的评价机制对体育教师的激励作用因指标制定的原因，未得到充分发挥，不能很好地激励体育教师进行教学和科研工作。尤其是在体育教师比较擅长的体育教学方面，教学评价机制不能凸显优势，因此，作为学校的体育管理层，应该针对体育教师的特性与理工为主高校的发展实际，在考核指标的制定上尽可能细化，实现对体育教师管理效率的最大化。

五、对体育教师的考核内容要教学与科研并举

（1）当前教师工作考核制度是争论最大的一项制度，关键是教学、科研管理制度和学术评价制度是否科学合理同时又易于操作。一般高校都采取量化考核方法，量化制的实行有助于提高效率，但问题是怎样进行量化。在对体育教师的工作进行考核时，高校至少应注意以下问题：一是对体育教师的科研考核，应遵循学术研究的自身规律，改每学期的考核为三年或五年的周期考核制，为"三年不鸣，一鸣惊人"提供可能；二是学术评价方面，可以由体育教师提供自认为最优秀、最能反映其学术水准和影响的一篇著述，由国内或海内外同行专家双盲评审，以纠正以量取胜、滥竽充数之弊；三是对体育教师的教学考核要细化考核评价指标；四是处理好近期效率与远期效率、个人作用与团队作用的关系等，完善高校教师考核体系。

（2）教育管理者应当依据《中华人民共和国教师法》和高校体育教师队伍的实际情况，进一步完善和强化教师职务评聘制度。根据学科建设需要和国家关于高校教师职务结构比例的规定，科学设置教师职务岗位，形成合理的职务结构，使教师的作用能得到充分发挥。完善教师职务聘任办法，强化聘任环节，实行严格的定期聘任，择优上岗；加强体育教师聘后管理和履职考核。教授、副教授要认真履行教育教学职责，对不能履行教育教学职责或者经考核不称职的，依法解聘其教师职务。要充分利用教师职务聘任这一政策杠杆，全面提高教师队伍的政

治、业务素质。

（3）对体育教师的职称晋升考核，要打破唯学历、唯资历、唯论文倾向。对于体育教师的考核要突出教师的品德、综合能力、业绩导向。要克服当前执行的唯学历、唯资历、唯论文的评价机制。要科学客观地公正评价体育教师。要为体育教师提供钻研专业理论前沿的时间和动力，对于已经取得相应成绩的体育教师要增强他们的荣誉感，从而激发工作热情。

第四节　有效运用激励机制

管理心理学认为：激励是通过激发鼓励调动人的积极性、主动性和创造性，激发人的动机，使之产生指向需要目标的动力的心理过程。而激励机制是指一个组织为了某种激励目的所采取的体系和制度。将"激励"一词用于高校人力资源管理，就是通常所说的调动与激发教职工的积极性和创造性。从本质上说，体育行政管理部门就是要将组织目标与体育教师的需要结合起来，制定符合体育教师成长的评价指标，使体育教师需求得到满足的同时实现组织目标。

一、物质激励与精神激励相结合

对理工为主高校体育教师的激励要物质激励与精神激励相结合。如果高校能处理好组织的政策、管理与监督、人际关系、工作条件、工资等因素，就能调动体育教师的积极性，能消除体育教师消极情绪，但如果激励措施不当，就会出现体育教师或外出创收，或安于工作现状的情况，不但不能激发人的积极性，反而会降低整个组织的工作效率。

二、体育教师的激励要分层

要根据不同的对象实施分层次激励。由于当前理工为主高校体育教学的岗位不同以及个人能力、努力程度等方面存在差异，每名教师对学校所做的贡献也存在差别，所以要有针对性地，对有突出贡献或起主导作用的学术骨干、学科带头人等给予相应的激励。

三、对体育教师的激励要适度与公平

激励也要适度，高校要使奖励与贡献相适应，把握好需要的尺度，以达到理想的激励效果。公平性原则也是激励工作的一条重要原则。美国心理学家亚当斯在 20 世纪 60 年代中期提出了公平理论，许多研究证明，不公平使人们心理产生紧张和不安的状态，对人们的行为动机有很大的影响。当个人认为自己的待遇是不公平的，产生不公平感，就会表现出不满情绪和消极行为。在本次调研中也明显看到这种现象带来的严重问题，这就要求高校在给予分配和奖励过程中尽量把握公平性。

四、体育教师的激励要与时俱进

随着社会的飞速发展，理工为主高校的体育管理者也应该与时俱进地补充适合的激励政策。奖励时机直接影响激励效果，所以对体育教师的激励要注意激励的时间性。在一个合意行为发生后就应立即给予强化。"强化"和"合意行为"之间的间隔越短，强化效果就越好。同时高校也要注意奖励频率，奖励频率过高或过低，都会削弱激励效果。奖励的时机和奖励频率的选择，要从实际出发。

第七章 结 论

　　健身是体育的基本功能，全民健身是全体人民增强体魄、健康生活的基础和保障，是每一个人成长和实现幸福生活的重要基础。随着社会对体育人才需求的增大，体育人力资源的管理不可避免地成为研究主题。高校体育教师作为体育人力资源的重要组成部分，决定了高校必须要加强体育师资队伍管理。体育教师作为体育精神的传播者，承担着体育文化的传承重任，有着向高校所有学生传授体育运动精神、文化、技术、战术等任务，体育师资队伍的实力直接关系到我国培养体育人才的质量。本书通过对理工为主高校体育师资队伍管理问题的探讨，运用实证研究方法，从体育师资队伍结构、考核机制及激励机制三方面进行调研分析，结论如下。

　　1.高校体育师资管理研究正成为学术界的关注热点

　　现阶段是高校体育发展的重要战略机遇期。但是一些长期制约体育发展的薄弱环节依然突出，问题依然严峻。体育管理体制的改革尚需深化、高校体育组织发展滞后、体育人才队伍建设还不能适应快速发展的形势、高素质复合型体育管理人才缺乏等问题还比较突出。提高师资队伍的管理效率将持续推动体育事业的发展，所以，高校必须要依据国家的体育发展战略，探索符合理工为主高校体育师资队伍发展及体育教师特点的管理模式，提高体育师资队伍的整体效率。就本次调研来看，我国大部分高校的体育师资队伍在高校处于"边缘"地位，高校也对体育师资的管理关注不够。因此，探索高校体育师资队伍的管理问题将成为高校管理的重要问题，这对理工为主高校体育师资队伍管理的实施具有非常重要的意义。

　　2.理工为主高校体育师资队伍管理水平大幅提升，但仍存一些亟待解决的问题

　　本书的研究对象为我国理工为主的研究型高校，这类高校在全国高校中具有

极强的竞争优势，有条件在全国乃至世界上招聘到理想且优秀的体育人才。但是本书通过实证调研，运用定量与定性相结合的方法对体育师资现状进行研究，分别对体育教师职称机构、学历结构、学缘结构、年龄结构等进行实证分析，得出结论如下：第一，理工为主高校体育师资队伍结构不尽合理。主要表现为结构失衡，高学历、高职称人才缺乏，体育师资队伍学缘结构"近亲繁殖"，体育教师科研压力大，体育师资队伍科研梯队建设还需要进一步完善等。第二，高校教师人力资源"隐性流失"严重。部分高校教师把大量的时间和精力投入第二职业，严重地影响了正常的工作秩序和教学质量。第三，高校体育师资管理缺乏现代人力资源管理理念，高校体育人力资源缺乏总体战略规划。第四，专家型体育学科带头人培养及体育人才国际化等方面力度不够。第五，理工为主高校体育师资科研评价压力大等重要问题亟待解决，需要通过优化高校体育师资队伍结构，培养优秀教学、科研团队，促进体育教师科研能力提升以及改革途径，加强理工为主高校体育师资队伍建设，进而为我国高校体育师资队伍管理提供有价值的参考。

3.建立基于高校发展战略的体育师资管理理念

体育教师资源是高校人力资源管理工作的基础，它决定着体育师资队伍管理工作的成效。只有实现观念的转变才能带来管理方式的转变，才能达到管理的目的。高校要建立战略观和"以人为本"的管理思想，给予高校体育教师积极参与学校战略制定的机会，要对学校的发展蓝图有清晰的认识，将体育师资管理与学校战略计划整合起来，制定与学校战略发展相一致的体育师资管理战略，并通过制定各种适合理工为主高校体育教师群体特点的具体措施，推动学校战略的实施。总的来说，高校管理部门要改变现行的对体育师资管理忽视的现状，将发展的重点集中到促进与高校核心价值相一致的决策制定和实施等战略规划层面上来。

4.建立战略人才竞争激励机制

如前所述，管理心理学认为激励机制是指一个组织为了某种激励目的所采取的体系和制度。将"激励"一词用于高校体育师资管理，就是通常所说的调动与激发体育教师的工作积极性和创造性。

本书在调研中了解到，理工为主高校对体育教师的激励不足，没有充分激发体育教师的工作积极性。因此，高校要建立有力的激励机制，第一，要把握物质激励与精神激励相结合。激励因素处理不好，只能使人安于现状或消极怠工，降低队伍的工作效率。反之则能使教师在工作上得到认可、富有成就感，激发教师的积极性。从大部分体育教师外出从事第二职业及部分高校体育教师因职称晋升难、科研工作压力大等对工作积极性不高等情况来看,高校对体育教师的物质激励、精神激励都没有达到理想的效果。第二,要适度激励,要有重点、有针对性,把握好尺度,不能脱离实际。特别是对于高校教师这一高知识阶层,他们更注重名誉和精神上的满足,精神鼓励也是我们多年来行之有效的重要方法。

5.强化理工为主高校体育师资队伍的评价机制

我国高校为了解决当前教学培训体系滞后的常态问题,也都积极改善目前现状,但也面临非常大的挑战。最主要的原因是高校体育教师长期以来由于评价机制的问题,教学能力受到了多重限制。目前高校片面追求科研能力而忽视教学能力,撼动了高校教师教学的中心地位。

高校体育师资管理涵盖范围广泛,涉及的问题众多,并且影响因素交错缠绕,虽然作者竭尽所能,紧紧围绕理工为主高校的体育师资队伍管理中存在的问题及产生原因做了大量的论述,尝试提出较为系统有效的管理对策,但终因理论水平与知识架构的欠缺及时间、能力有限、师资调研资料困难等原因,在研究上仍存在着些许遗憾。另外,随着社会主义现代化建设的不断发展,高校所处的内外部环境处于不断的变化发展之中,前提条件的变化必然要求进一步的深入研究。

参 考 文 献

[1] 李盈盈. 大学生体质健康下降与学校体育环境的分析 [J]. 当代体育科技, 2016(03)：90-91.

[2] 张跃敏. 论高校体育健康教育的可持续发展 [J]. 黑龙江高教研究, 2016(08)：150-152.

[3] 吴盛亮, 李潇潇. 当代大学生心理健康问题及教育路径方法探索 [J]. 中国成人教育, 2015(04)：55-57.

[4] 赵玉敏. 我国高等体育院系师资队伍建设问题探究与对策建议 [D]. 长春：东北师范大学, 2007.

[5] 王战军. 建设研究型大学应重点思考的若干问题 [J]. 中国高等教育, 2004(01)：25-27.

[6] 杨泉明. 中国高等教育改革发展研究 [M]. 北京：中国人民大学出版社, 2009.

[7] 徐国成. 创建高水平的师资队伍探析——哈佛大学的师资管理特色及启示 [J]. 现代教育科学, 2008(03)：40-42.

[8] 钟秉林. 高度重视高等学校教师发展问题 [J]. 中国高等教育, 2011(18)：4-6.

[9] 钟秉林, 刘丽. 我国大学教师发展的现状、困境及对策 [J]. 国家教育行政学院学报, 2012(09)：50-54, 49.

[10] 袁振国. 大力提高教师专业化水平 [J]. 教师教育研究, 2008(05)：1-2, 13.

[11] 周作宇，李庆丰. 教师学习经验及专业化发展研究 [J]. 教育科学研究，2007(05)：18-22.

[12] 毛亚庆，蔡宗模. 建国以来高校教师专业发展的制度审视 [J]. 清华大学教育研究，2010，31(06)：27-34.

[13] 阎光才. 美国教师教育机构转型的历史经验及其启示 [J]. 教师教育研究，2003(06)：73-77.

[14] 田爱丽. 教师职业道德建设中实践体验模式研究 [J]. 中国教育学刊，2011(08)：74-77.

[15] 包海芹，王寰安. 高校教师管理中"量化评价"的制度分析 [J]. 教育评论，2010(06)：53-56.

[16] 李福华. 大学教师薪酬激励合约的理论分析 [J]. 高等教育研究，2011，32(06)：31-35.

[17] 沈红，熊俊峰. 高校教师薪酬差异的人力资本解释 [J]. 高等教育研究，2013，34(09)：23-31.

[18] 张红霞. 教师专业素质评价的难点与突破 [J]. 教育评论，2012(04)：60-62.

[19] 李明华，黄自敏，花懿隽. 教师教育评价思想和方法的变革 [J]. 大学（研究与评价），2009(01)：50-57.

[20] 范明，高倩. 基于教师视角的高校内部治理研究 [J]. 黑龙江高教研究，2014(01)：59-61.

[21] 陈明磊. 高校师资队伍可持续发展研究 [J]. 人才开发，2004(08)：24-19.

[22] 张学忠. 高等学校教师管理模式和机制探析 [J]. 昆明理工大学学报（社会科学版），2002(01)：63-67.

[23] 贾振勇. 精细化管理与高校体育师资队伍建设研究 [J]. 教育与职业，2015(29)：74-75.

[24] 薛海平，王蓉. 教师绩效奖金对学生成绩影响研究 [J]. 中国教育学刊，2013(05)：34-38.

[25] 曹艳霞，诺日布. "211" 综合性大学体育学科发展现状研究 [J]. 山西师大体育学院学报，2011，26(03)：65-68.

[26] 付革. 辽宁省高校体育师资队伍建设现状与发展对策 [J]. 现代教育管理, 2009(04): 98-100.

[27] 陈湘丽. 论高校体育教育转型背景下的体育师资队伍建设 [J]. 教育与职业, 2009(32): 55-56.

[28] 邢宗新, 周安宇, 张冰. 高校师资队伍建设的关键是提高科学研究实力 [J]. 哈尔滨商业大学学报（自然科学版）, 2012, 28(02): 248-250.

[29] 马敬华, 张跃敏. 辽宁高校外籍教师专业素质结构现状调查与提升策略 [J]. 高等农业教育, 2014(11): 45-48.

[30] 张跃敏, 马敬华, 史万兵. 基于案例分析的高水平大学体育师资队伍学缘结构研究 [J]. 沈阳体育学院学报, 2013, 32(05): 143-144.